W0194530

Philippe Thureau-Dangin

Die Ellenbogen-Gesellschaft

Vom zerstörerischen Wesen
der Konkurrenz

Aus dem Französischen übertragen und
mit einem Vorwort versehen von
Michael Jeismann

S. Fischer

Die französische Originalausgabe erschien 1995
unter dem Titel ›La concurrence et la mort‹
im Verlag Syros, Paris
© Verlag Syros, Paris 1995
© S. Fischer Verlag GmbH, Frankfurt am Main 1998
Die deutsche Ausgabe wurde leicht bearbeitet und gekürzt.
Gesamtherstellung: Wagner GmbH, Nördlingen
Printed in Germany 1998
ISBN 3-10-080019-2

Inhalt

Vorwort

Bis zum 24. Oktober 1996 war Hans Tietmeyer
Präsident der Deutschen Bundesbank. Einen Tag
später war er die Symbolfigur des neuen Ökonomismus, bei dem es der Wirtschaft besser, der
Gesellschaft insgesamt aber schlechter geht. Der
Doyen der französischen Soziologie, Pierre Bourdieu, hatte in einem fulminanten Artikel in der
Tageszeitung *Libération* vom 25. Oktober vor den
Auswirkungen einer Wirtschaftspolitik gewarnt,
deren einziger Gedanke der Geldwertstabilität gel-
te. Denn die gegenwärtige Krise sei, so Bourdieu,
nicht durch Geldpolitik zu lösen. Im Gegenteil: Gerade diese Politik sei das auffälligste Symptom eines »wohldurchdachten Deliriums«, in dessen Verlauf sich die Werte und Maßstäbe der Ökonomie
auf alle anderen Gebiete des gesellschaftlichen Lebens ausdehnten. Die Folgen sind katastrophal:
Der Staat steht in Gefahr, sich nicht mehr politisch
zu begreifen, die Gesellschaft löst sich auf, der
Markterfolg wird zur alleinigen Ratio des Individuums, Anpassung wird oberstes Ziel der Charak-
terbildung, und Massenarbeitslosigkeit wird als
Normalzustand hingenommen. Bourdieus Protest
gegen die Vorherrschaft des ökonomischen Den-
kens wurde in Deutschland rasch aufgenommen
und bis in die Wirtschaftsseiten der Tagespresse
hinein zum Thema.
Zum ersten Mal war hier weithin vernehmbar eine

Art kultureller Protest lautgeworden, nach Jahren, in denen die Dynamik weltweit verknüpfter Wirtschaftsprozesse, vor allem aber die Hegemonie der Börse lediglich Verblüffung ausgelöst hatte. Zugespitzt könnte man sagen: Man wußte gar nicht, was, vor allem seit 1989, ökonomisch geschehen war. Die Staatsverschuldung wuchs, die Arbeitslosigkeit auch – bis auf Rekordhöhen –, und die nationale Wirtschaft redete vom globalen Wettbewerb; man »lagerte Arbeisplätze aus«. Entlassungen waren und sind bis heute an der Tagesordnung. Die Börse notiert den Hochstand der Arbeitslosenzahlen eher wohlwollend, ist er doch ein Anzeichen dafür, daß die Unternehmen weiter rationalisieren. Und es scheint, als ob sich die Politiker, nach einer Phase der Orientierungslosigkeit, die Maßstäbe der Ökonomie zu eigen gemacht hätten und nun die Bevölkerung auf eine neue Ära einstimmen. Sicher fehlt es nicht an Bemühungen, den sich wandelnden Bedingungen der Ökonomie gerecht zu werden. Allerdings kann man sich des Eindrucks nicht erwehren, daß eher die gesellschaftlichen Realitäten den Regeln und Gesetzen der Ökonomie angepaßt werden, als daß umgekehrt diese Regeln mitsamt ihren Begriffen und dahinterliegenden Vorstellungen auf ihre Vereinbarkeit mit Minimalansprüchen einer zivilisierten und entwickelten Gesellschaft hin geprüft werden. Es scheint auch so, daß man sich in Deutschland eher dem scheinbar Unausweichlichen zu beugen bereit ist als anderswo. Frankreich dagegen ist nicht nur der hartnäckigste Widerpart gegen eine absolut gesetzte Stabilitätspolitik (und schien so in der Vergangenheit manchmal sogar die Währungsunion zu gefährden). Für das politische Selbstverständnis der Europäischen Union spielt Frankreich noch in anderer Hinsicht einen bedeutenden Part: In der Reaktionsfähigkeit schnell, in der Zuspitzung mutig und getragen von einer breiteren Öffentlichkeit ist dort in den vergangenen Jahren eine neue kritische Gesellschaftsliteratur entstanden. Anders als in den sechziger Jahren, anders als zu Zeiten der Studentenrevolte ist diese Literatur keiner Philosophie verpflichtet und schon gar keinem Dogma. Es ist eine Literatur der Diagnose, die erst einmal zu fassen sucht, was gegenwärtig im Verhältnis von Gesellschaft und Wirtschaft geschieht. Denn mit welchen Begriffen soll man beschreiben, wenn man sich nicht gleich der Terminologie der Ökonomie bedient? Gibt es überhaupt noch relevante Begriffe, die nicht der Ökonomie verpflichtet sind? Dies sind im übrigen – in einem doppelten Sinn – keine akademischen Fragen: Sie sind erstens nicht (oder werden doch erst ganz allmählich) Themen der Wissenschaft. Die Wirtschaftshistoriker in Deutschland blieben angesichts der rapiden Veränderungen bisher nahezu stumm, in der öffentlichen Rede hatten sie keine Stimme. Ähnlich verhält es sich mit den Soziologen. Diejenigen, die empirische Gesellschaftsforschung treiben, haben Schwierigkeiten, diese Empirie zu vermitteln; die anderen treiben soziologische Lebensstilforschung und verherrlichen den ökonomischen Ist-Zustand als eine Kultur. Dieses Verfahren erfreut sich einer gewissen Beliebtheit, weil es Zwang in Freiheit umdefiniert. Besonders herausgefordert sind im Zeitalter der Entgrenzungen die Juristen. Hier werden gerade im Zeichen der europäischen Union eine Reihe von Anstrengungen unternommen, die Rolle des Staates und den Begriff des Arbeitsmarktes neu zu fassen. In den Politikwissenschaften befaßt man sich aus gutem Grund vor allem mit Fragen der Staatsbildung und der Transformation. Die Wirtschaftswissenschaft selbst wird schließlich theoretisch von eben jenem neoliberalen Modell beherrscht, dessen Praxis zu untersuchen wäre. Die Frage von Ökonomie und Gesellschaft weckt also erst sehr allmählich das Interesse jener Wissenschaften, die sich traditionell für die Interpretation der Gesellschaft zuständig fühlen. Sie beginnt in diesem Sinn gerade erst, eine akademische Frage zu werden.

Noch in einem ganz anderen Sinn freilich ist die Frage nach den Begriffen, mit denen wir unsere gesellschaftliche Umwelt erfassen, keine akademische. Im Gegenteil: die Begriffe und Vorstellungen, die wir uns von der Welt machen, prägen diese Welt mit. Das ist täglich nachzuvollziehen – etwa wenn Patienten in einem Krankenhaus den Anspruch erheben, als Kunden behandelt zu werden. Oder wenn der Bürger auf dem Rathaus bei der Beantragung eines Reisepasses eine Dienstleistung in Anspruch nimmt. Dies mögen Beispiele sein, die auf den ersten Blick eher erfreulich wirken, belegen sie doch, wie verkrustete Strukturen in den Behörden aufgebrochen werden können oder wie Patienten eine bessere Behandlung erfahren können, bei der ihnen ein gewisses Maß an Respekt entgegengebracht wird. Weniger offensichtlich ist, was man sich einhandelt, wenn man soziale Beziehungen dieser Art einer wirtschaftlichen Rationalität unterwirft: Diese Rationalität führt zu einer extremen Individualisierung und stellt den traditionellen Gedanken von der Gegenseitigkeit innerhalb einer Solidargemeinschaft in Frage. Oder vielmehr: sie lockert die institutionellen Bindungen der Solidargemeinschaft und setzt allenfalls darauf, daß sich neue Gemeinschaften dieser Art bilden, auf lokaler Ebene, vielleicht nur in homogenen Milieus.

Bei aller berechtigten Kritik an der großen Staatsmaschine, am schwer einsehbaren, verästelten System der Umverteilung: die Rückkehr zu vormodernen Solidarverhältnissen kann sicher keinen Weg aus dem ökonomischen Dilemma des Wohlfahrstaats weisen. Wird nicht von der Industrie und der Politik unisono hohe Mobilität gefordert, und die Bereitschaft zur permanenten Veränderung? Bereits dies allein paßt schlecht zur stationären, lokal begründeten Gegenseitigkeit. Am Ende also droht es nur zu geben, was bezahlt werden kann – und was sich auszahlt. Es liegt auf der Hand, daß in einer solchen Gesellschaft nicht gut sein ist. Wahrscheinlich wäre sie mittel- und langfristig sogar unökonomisch in dem Sinn, daß die Folgelasten für das Ganze den Gewinn des einzelnen nicht nur zunichte, sondern den Individualismus selbst zur aussterbenden Lebensart machten.

Gewiß, die Kritik am Kapitalismus ist so alt wie dieser selbst. Friedrich Engels beklagte 1845 in seinem Werk zur »Lage der arbeitenden Klassen in England«: »Der Schachergeist geht durch die ganze Sprache, alle Verhältnisse werden in Handelsausdrücken dargestellt, in ökonomischen Kategorien erklärt.« Und Bertolt Brecht klagte im gleichen Ton knapp ein Jahrhundert später im amerikanischen Exil, daß in den Vereinigten Staaten alles und jedes zu einer Kaufhandlung werde. Ein Menschenalter später stimmt Viviane Forrester in ihrem Buch »Der Terror der Ökonomie« einen neuen sozialen Klagegesang an. Diesem Buch, das auch in Deutschland breite Aufnahme fand, ist es gelungen, ein allgemeines Erstaunen und Entsetzen darüber auszudrücken, wie gleichgültig und gesellschaftsfeindlich die Regeln einer globalisierten Ökonomie sind. Bei Forrester schlug die Stunde der Empfindung, in der einmal ausgesprochen wurde, was viele schon seit einiger Zeit fühlten.

Um aber nicht bei einem allgemeinen kulturkritischen Lamento stehenzubleiben, muß man die Ökonomie beim Wort nehmen und jene Begriffe, Vorstellungen und Werte untersuchen, mit denen heute die Welt erklärt wird. Philippe Thureau-Dangin hat den Kapitalismus beim Wort genommen. Der Wirtschaftsjournalist und Chefredakteur der Zeitschrift *Courrier International* buchstabiert den Namen des ökonomischen Leitmotivs: Konkurrenz. Das Buch erschien 1995 unter dem Titel »La concurrence et la mort« und ist im Zusammenhang mit neu entstandenen Gruppierungen wie »mouvement social« und »raison d'agir« zu sehen. Diese neue soziale Bewegung will an die Stelle der bloßen Betroffenheit das politische Engagement jenseits der etablierten Parteien setzen. Es ist eine Bewegung, deren Kern Intellektuelle, Professoren und Lehrer bilden und die sich als eine Art

Laboratorium neuer Ideen begreifen: zur Zukunft der Arbeit, zu einer neuen europäischen Gesellschaftspolitik. Von den französischen Kommunisten schon als »unpolitisch« angegriffen, plant die »soziale Bewegung«, eine eigene Liste für die Wahlen zum europäischen Parlament im Jahr 1999 aufzustellen. Der Charakter dieser Bewegung erinnert in vielem an die frühe Zeit der »Grünen« in Deutschland, und es ist gar nicht unwahrscheinlich, daß sich auf dem Gebiet des Sozialen wiederholt, was in der Umweltdebatte begann.

In diesem Laboratorium hat sich Thureau-Dangin einem besonders gefährlichen Stoff zugewandt, der Idee der Konkurrenz, dem Zentralelement der Marktwirtschaft. Und wie in einem Labor führt der Autor Experimente durch. Er verbindet Stoffe miteinander, führt Reaktionen herbei und prüft die gesellschaftliche »Wertigkeit« der Konkurrenz. Thureau-Dangin beherrscht die Kunst des alchimistischen Versuchs, des Essays. Das schwierige Grenzgebiet zwischen Ökonomie und Gesellschaft muß man erkunden, ohne schon Gewißheiten zu haben. Das ist riskant, aber ohne Risiko ist Erkenntnis nicht zu haben.

Wer die Konkurrenz kritisiert, schreibt gegen einen mächtigen Strudel an. Der gesunde Menschenverstand sagt: Konkurrenz belebt das Geschäft. Wettbewerb spornt an. Erst in der Konkurrenz schwingt sich der Mensch zum Maximum seiner Leistungsfähigkeit auf. Und schließlich: der Wettbewerb macht erfinderisch, und ohne Kreativität gäbe es keine »Innovation«. Der gesunde Menschenverstand beruft sich auch gerne auf die Natur-

wissenschaft, auf die Gesetze der Evolution, auf
Darwin und auf den Überlebenskampf der Arten.
Gegen diesen Strudel der unbezweifelbaren Wahr-
heiten kommt nur an, wer zu beschreiben und in
der Beschreibung die Optik zu wechseln versteht.
Beim vorliegenden Buch handelt es sich nicht zuletzt um eine phänomenologische Ideologiekritik,
eine erste Kritik der herrschenden Begriffe und
Leitvorstellungen durch die Sinneswahrnehmung.
Was präsentiert das Fernsehen täglich, wie wird der
Sport dem Publikum heute dargeboten und wie
werden Produkte beworben? Und weiter: Nach
welchen Kriterien wählt die Industrie ihre Mitarbeiter aus, welche Rolle spielen Manager heute?
Und nicht zuletzt: Welches soziales Verhalten wird
heute nicht nur gefordert, sondern hergestellt?
Thureau-Dangin verfolgt, wie die Ökonomie, die
Welt der Finanzen, der multinationalen Unternehmen und des weltweiten Börsenspiels von einer
Spezialdisziplin zu einer Art Volkssport geworden
ist. Er weist nicht nur auf die Risiken und Neben-
wirkungen dieser neuen Dynamisierung hin, mit
deren Hilfe die europäischen Gesellschaften für den
globalen Wettbewerb fit gemacht werden sollen. Es
gelingt ihm vielmehr auch, zu zeigen, daß die Gesellschaft – nicht als Abstraktum verstanden, sondern als die Vielzahl der Individuen – unter diesen
Aufputschmitteln leidet. Und Thureau-Dangin
macht der Konkurrenz ganz im Sinn des Wettbewerbs die Rechnung auf: wie hoch sind eigentlich
die durch die Konkurrenz entstehenden Kosten –
angefangen bei den Unternehmen, deren Werbe-
etats in den vergangenen zwanzig Jahren gewaltig

gesteigert wurden, bis hin zur medizinischen Forschung, die durch die Konkurrenz der Labors eher später als früher zur medizinischen Verwertung neuer Erkenntnisse kommt? Die Konkurrenz, bei der es gerade auch auf dem Gebiet der Medizin um enorme Summen geht, hemmt den Informationsfluß und schadet somit unmittelbar den Menschen, die auf schnelle Hilfe angewiesen sind.

In der Beschreibung des Konkurrenzsyndroms gelangt Thureau-Dangin schließlich zu den sozial erwünschten Charakter-Typen. Anstelle des eigentlich zu erwartenden kreativen, aus den Zwängen des Kollektivs befreiten autonomen Marktindividuums, das mit seinem Pfund wuchert, sieht er einen großen Trend zur Anpassung und Gleichmacherei – bei den Individuen wie bei den Industrieprodukten. Die Konkurrenz fördert nicht die Vielfalt, wie man immerhin annehmen könnte, sondern die Uniformität. Das läßt sich anhand der Fernsehprogramme ebenso studieren wie vor dem Lebensmittelregal. Am Ende bleibt von den Wohltaten der Konkurrenz nicht viel übrig. Gerade die Dynamisierung findet nicht statt. Zu den aufregendsten Entdeckungen des Buches gehört die Einsicht, daß die herrschende Art des wirtschaftlichen Wettbewerbs das Zeitempfinden zu zerstören droht. In der dauernden Antizipation oder Nachahmung dessen, was der Konkurrent tun könnte oder getan hat, verschwindet das Gegenwärtige. Die Zukunft aber bleibt eine Chimäre, weil sie immer schon eingeholt sein soll, bevor sie noch eingetreten ist. Die praktische Konsequenz ist, daß die Zukunft jede Hoffnungsvorfreude verloren hat.

Die Zukunft motiviert nicht mehr, sondern sie wird zur Herausforderung durch das Immergleiche. Wer heute über die Stagnation in den europäischen Gesellschaften klagt, der sollte diesen Zukunftsverlust in Rechnung stellen. Diese Stagnation ist nämlich die Kehrseite tiefgreifender Veränderungen in der Arbeits- und Lebenswelt, denen die Menschen nicht zu Unrecht mit Skepsis gegenüberstehen.

Es wäre falsch zu glauben, in Philippe Thureau-Dangins Buch über die Ellenbogengesellschaft werde das träumerische Ideal einer kuschligen Gesellschaft uneigennütziger Individuen kultiviert. Nichts davon. Thureau-Dangin setzt sich mit dem Wetteifern auseinander, das historisch viel älter ist als die Konkurrenz. Der Wetteifer, das Sich-Messen, zerstört aber nicht, wie die Konkurrenz, die sozialen Beziehungen, sondern stärkt sie vielmehr. Man kann bei dem großen Mittelalter-Historiker Johan Huizinga nachlesen, wie der »homo ludens«, der spielende Mensch, seine Künste und Fähigkeiten im zwecklosen Tun entwickelt. Kreativität ist keine Frage des Willens, sie ist keine beliebig verfügbare Ressource und schon gar nicht primär ein Ergebnis der Konkurrenz. Die impliziten anthropologischen Grundannahmen der neueren Ökonomie erweisen sich als unhaltbar.

Nicht allein, daß die Evolutionsforschung sich darin einig ist, daß für das Überleben der menschlichen Gattung die Kooperation und nicht die Konkurrenz ausschlaggebend war. Vielmehr stellt sich auch heraus, daß die meisten Menschen nicht dazu geschaffen sind, sich Tag für Tag in der Konkurrenz behaupten zu müssen. Nicht einmal die Unternehmen selbst suchen den Wettbewerb, im Gegenteil: Der härteste Konkurrenzkampf wird darum geführt, wer sich – beispielsweise durch Fusion und Kartellbildung – vor der Konkurrenz in Sicherheit bringen kann. Als im Frühsommer 1998 die Fusion von Daimler-Benz und Chrysler bekannt wurde, kommentierte die Wochenzeitung *Freitag*: »Was aber will der Markt nicht? Sich selbst. Jeder kennt das Problem: In seinem eigenen Bereich ist niemand ein Freund der Konkurrenz. Nur die Großen sind in der Lage, sich die Freiheit vom Wettbewerb zu erkaufen.« Zudem sind die leitenden Angestellten, vor allem die Führungsspitzen der Unternehmen, die gerne die Konkurrenz predigen, selbst auf der sicheren Seite, weil von den Vereinbarungen des Arbeitsvertrags bis hin zu weitreichenden Beziehungen und Vernetzungen im Fall des Scheiterns meist recht komfortable Auffangstationen bereitstchen.

Zur Phänomenologie der Konkurrenz gehört schließlich auch ihre Geschichte in den Wirtschaftswissenschaften. Thureau-Dangin skizziert, wie die Ökonomie als Wissenschaft von der Wirtschaft sich auf einen immer engeren Ausschnitt der Lebens- und Wirtschaftswelt konzentrierte. Vor allem haben die Wirtschaftswissenschaften, so Thureau-Dangin, die Überflußgesellschaft theoretisch noch nicht bewältigt. Die Tradition des Mangels als Grundannahme allen Wirtschaftens ist in Zeiten einer stetigen Produktivitätsteigerung ein Erkenntnishemmnis und führt dazu, daß man von falschen Voraussetzungen ausgeht. Die Tradierung dieser Voraussetzungen, die im Weltmaßstab eben nicht mehr als allgemein gegeben betrachtet werden können, rufen eine gefährliche Einfallslosigkeit hervor. In diesem Zusammenhang unterzieht Thureau-Dangin die Eliten einer unnachsichtigen Kritik. Ihre Wertekanon setzte sich aus nichts anderem als aus gesammelten Egoismen zusammen, in der Mehrzahl haben ihre Vertreter nicht einmal mehr das Bewußtsein dafür, daß sie auch noch an etwas anderes als an sich selbst zu denken hätten. Das Gerede vom »Team«, das allenthalben Einzug gehalten hat, verdeckt nur, daß der Spaß und die Genugtuung bei der Kooperation ziemlich exotisch geworden ist. Das Zweckbündnis ist heute die höchste Form der gegenseitigen Verpflichtung. Man muß das angesichts des politischen Mißbrauchs, der mit dem Gedanken der Solidarität und Gemeinschaft getrieben wurde, nicht bedauern. Aber man sollte sich darüber im Klaren sein, welche Konsequenzen es hat. Man mag das Ausmaß der tektonischen Tiefenbewegungen ermessen, wenn man sich vor Augen hält, daß Handel und Industrie einmal als die Hauptmittel zur Eindämmung der kriegerischen Instinkte, der nicht zweckrationalen Kampfeslust galten. Der Handel schien für alle Parteien sogar besser zu sorgen als der Krieg allein für den Sieger. Von dieser verfeinernden und pazifierenden Wirkung des Handels und der Industrie kann heute, unter dem Diktat des Wettbewerbs, keine Rede mehr sein. Gerade die hochentwickelten Gesellschaften klagen seit einer Reihe von Jahren nicht nur über steigende Kriminalitätsraten, sondern über eine Brutalisierung des Alltags, über die Zunahme von Gewalttaten, an den Schulen genauso wie im öffentlichen Nahverkehr.

Das vorliegende Buch lädt den Leser nicht zur Identifikation, der großen neuen Mode, ein. Man muß seine Schlüsse nicht teilen, um die Fragen zu schätzen, die es aufwirft. In diesem Sinn ist es wahrscheinlich ein altmodisches Buch. Es ist auch darin altmodisch, daß sein Autor am Begriff der Gesellschaft festhält.

Unsere angepaßte Welt indessen läßt sich das Besondere, Neue träumen, Schlachten, Siege, Helden. Der Einzelne steht unmittelbar in der kommunikationstechnischen Allmacht, er ist Netzpunkt, und das Netz ist die Spinne selbst. Die letzte Sehnsucht aber wird vielleicht ein Kind der bloßen Erschöpfung sein: Ruhe und Frieden.

Michael Jeismann, im Juli 1998

Vorbemerkung

Die Welt kann heute nur ändern, wer sie neu interpretiert. Dazu besteht derzeit Anlaß genug, obwohl wir doch in jüngster Zeit ein wirklich großes Mysterium erleben: den absoluten und so von niemandem erwarteten Triumph des Kapitalismus. Da sich das beste aller ökonomischer Systeme konkurrenzlos durchgesetzt hat, durfte man eigentlich erwarten, daß im Westen wie im Osten Prosperität und allgemeiner Wohlstand eintreten oder sich festigen würden. Tatsächlich aber ist das Gegenteil der Fall: Die Gesellschaften leiden immer stärker unter der Herrschaft des Kapitalismus. Wie soll man begreifen, daß beides zusammen geht: die strotzende Gesundheit der herrschenden Wirtschaftsform einerseits und das Kränkeln des Gesellschaftskörpers? Wie dieses Leiden beschreiben, das alles befällt und die Zukunft selbst gefährdet? Die Geldgier erklärt nicht alles, die Herrschaft der Technik im alltäglichen Leben auch nicht. Überall regieren Zwangsläufigkeit und Ausweglosigkeit, die vielbeklagte Stagnation ist bloß der äußere Anschein einer Gefangenschaft in selbstproduzierten Zwängen. Nichts belegt das deutlicher, als daß alles und jedes zur Ware wird, daß jedes Vorhaben sich in ein Marktangebot verwandelt, daß die Konkurrenz zur leitenden Idee geworden ist. Die Gesellschaft steht im Banne des praktizierten Liberalismus.

Dieses Buch ist ein Buch über die Ökonomie und handelt von der Gesellschaft. Es handelt damit zugleich auch von Einzelschicksalen, denn nahezu jeder ist gegenwärtig den Zwängen des Wettbewerbs unterworfen und zur vorausschauenden Wachsamkeit angehalten. Jeder muß auf der Lauer sein, jeder lebt in der Furcht, ein anderer könne ihm zuvorkommen. Und die Konkurrenz, die von vielen Leuten hoch geschätzt wird, ist nicht mehr bloß eine Form von Handelswettbewerb. Sie ist vielmehr zum herrschenden Modell der Beziehungen zwischen den Menschen geworden; nicht einmal das Gefühlsleben bleibt davon verschont. Die Konkurrenz prägt unsere Vorstellungen und unser Handeln, und dies wird wie selbstverständlich hingenommen. Es ist also Zeit, über diese Ökonomie nachzudenken. Denn das, was man einst als »Gesellschaft des Spektakels« kritisiert hat, ist mittlerweile eine Konkurrenzgesellschaft geworden.

Die Ökonomie, von der hier die Rede ist, überbietet jede Politik: sie holt die Zukunft in die Gegenwart. Wenn eine Anzeige verkündet: »Heute ist schon morgen«, dann liegt darin eine wenig beachtete Wahrheit über unsere Gegenwart. Unter der Herrschaft des Liberalismus gibt es tatsächlich keine Gegenwart aus eigenem Recht mehr, sondern bloß noch werdende Zukunft - eine Zukunft, die, wenn sie eintritt, längst in Slogans vorweggenommen worden ist. Diese Ankündigungseffekte geben den Takt vor, nach dem der einzelne zu leben hat. Jeder Handel verweist schon auf einen anderen, jedes Spektakel auf das nächste. Und da die Zukunft zur Reklame verkommen ist, hat sie viel von ihrer Hoffnungsträchtigkeit eingebüßt.

Die Herrschaft der liberalen Ideologie war noch nie so ausgeprägt wie heute, ihr praktischer Erfolg noch nie so groß. Es lohnt also den Versuch, diese Welt des Liberalismus zu beschreiben. Karl Kraus sagte zu Beginn des Jahrhunderts, daß der Kapitalismus Spülwasser als Lebenselixier ausgebe. Was mit dieser Sottise gemeint war, nennt sich heute »Marketing«. Nachdem sich die Marktwirtschaft aller Dinge bemächtigt hat, wird es tatsächlich immer schwieriger, zwischen den wirklichen Gütern und ihrer Imitation, zwischen den Waren und ihrer Anpreisung zu unterscheiden. Die Show, das Spektakel begreift sich als das Wirkliche, und die Konkurrenz tut ein übriges, um die Dinge zu entstellen.

Dieses Buch versteht sich als Kritik einer Wettbewerbsvernunft, die in soziale wie ökologische Sackgassen führt. Es ist eine Kritik der Ellenbogengesellschaft. Oder soll man wirklich annehmen, daß Demokratie und kapitalistische Marktwirtschaft ein und dasselbe seien, daß der Gang der Geschichte plötzlich anhalte und die Gesellschaft in der Konsumfreiheit aufgeht?

I. Überfluß – Mangel – Krise

»Ob sie falsch sind oder richtig: Die Ideen der Wirtschafts-
philosophen und der politischen Denker prägen unser Leben
viel stärker, als allgemein angenommen wird. In Wirklichkeit
bestimmen sie weitgehend den Lauf der Welt. Unsere Männer
der Tat, die sich damit brüsten, frei von allen doktrinären Ein-
flüssen zu sein, sind in der Regel Sklaven irgendeines Ökonomen der Vergangenheit.«

(John Maynard Keynes)

Die Krise, die wir seit den siebziger Jahren erleben,
hat nichts mit den vorangegangenen gemein. Im
Gegensatz zu den Hungerjahren des Ancien Ré-
gime, zum abrupten Preisverfall im neunzehnten
Jahrhundert und anders auch als in den düsteren
dreißiger Jahren geht es diesmal nicht um Mangel
und Knappheit, sondern um ein Zuviel, eine Überfülle. Zum ersten Mal erfährt der Westen nicht eine
Verknappungskrise, sondern eine reine Überfluß-
krise. Noch in der Zwischenkriegszeit lebte die
Mehrzahl der Menschen in Europa wie in Amerika
nach den Maßgaben des Notwendigen und des Er-
forderlichen. Es fehlte an Nahrung, an Medikamenten, an einem Dach über dem Kopf. Nach
1945 erlebten die westlichen Gesellschaften aufgrund einer immer rationelleren Ressourcen- und
Arbeitskraftausbeutung eine Ära außergewöhnlichen Überflusses. Der Handelsüberschuß wurde
zur Regel; dieser Massenproduktion entsprach der

Massenkonsum. Im Verlauf jener Blütejahre, die man in Frankreich die »glorreichen Dreißig« nennt, war das einzige, woran noch Knappheit herrschte, die Krise. Das wirtschaftliche Wachstum schien diese Entwicklung zu bestätigen: der technisch-industrielle Fortschritt würde jedermann den Wohlstand bescheren. Es sollte sich herausstellen, daß das zuviel verlangt war.

Als die westlichen Gesellschaften 1974 in einen Krisenzyklus eintraten, schmälerte das indessen nicht unmittelbar ihren Reichtum. Allein das weitere Wachstum wurde weitgehend gestoppt, denn es war zu einer Gefahr geworden. Damit sahen sich die Gründungsväter des Wirtschaftsliberalismus aus heiterem Himmel widerlegt. Aber die Entwicklung irritierte auch diejenigen, die für den Sozialstaat verantwortlich waren. Selbst in den reichen Gesellschaften sollte die Herrschaft der Bedürfnisse und Bedürftigkeiten andauern, koste es, was es wolle. Doch die »unsichtbare Hand«, die so großzügig ausgeteilt hatte, schloß sich nun. Der Ausweg, den Kapitalismus zu retten, war die Rückkehr zur Krise – wie noch zu zeigen sein wird.

Der Ausweg, den Kapitalismus zu retten, war die Rückkehr zur Krise.

Die Wirtschaftstheoretiker haben zur Erklärung der Krise zahlreiche Gründe angeführt. Für die neoklassischen Ökonomen gibt es nur Konjunkturkrisen, so daß sie die Geldentwertung sowie den plötzlichen Anstieg der Ölpreise und anderer Rohstoffe verantwortlich machten. Andere, modernere Theoretiker stellten sich die Frage, wieweit die reale Abnahme der Nettolöhne zur immer weiter steigenden Arbeitslosigkeit beitrug. Auch den Wohlfahrtsstaat nahm man in Haftung, obwohl er die Experten doch über dreißig Jahre lang gut ernährt hatte. Milton Friedmans Chicagoer Schule glaubte, daß der Staat durch eine unangebrachte Geldvermehrung das Wachstum gebremst und die Inflation gefördert habe. In London wetterte der Österreicher Hayek gegen Billigkredite, welche die Unternehmen dazu verleitet hätten, unüberlegte und wenig rentable Investitionen zu tätigen. In der Folge erhöhte man dann die Zinssätze in einem Maße, das die Lage für Schuldner unhaltbar machte.

Phantasievollere Ökonomen entwickelten eine Theorie des Ungleichgewichts; sie hatte allerdings wenig Erfolg, obwohl sie dem Zeitgeist durchaus entgegenkam. Getreu ihrem Credo versicherten die französischen Marxisten, daß die Krise ihren Grund in einer »Überakkumulation« des Kapitals habe. Marxistische Dissidenten kamen auf den Gedanken, daß sich vielleicht in Lauf eines Jahrhunderts die Form der Akkumulation, mit anderen Worten: die Form der Kapitalismus selbst verändert hatte.

Da die Krise tatsächlich nicht enden zu wollen schien, erinnerte man sich wieder der Lehre von den Wirtschaftszyklen, die man in den Nachkriegsjahren versehentlich schon ins Museum gestellt hatte. Dabei handelt es sich um eine ganz hübsche Theorie, in der von technologischer Revolution und von langen Wellen die Rede ist. Mit etwas Glück untermauert sie manchmal die Prognose, daß auf Regen Sonnenschein folgt. Clement Juglar, einer der Erfinder der Zyklentheorie, sagte vor über einem Jahrhundert, daß der einzige Grund einer

Depression der Wohlstand sei – offensichtlich die beste Erklärung der Krise und des Kapitalismus.

In Wahrheit ist das Zustandekommen ökonomischer Entwicklungen bis heute nicht völlig geklärt. Überdies entziehen sie sich einer eindeutigen Fixierung, oft fehlt es gar an Bezeichnungen für die Phänomene, mit denen man es zu tun hat. Eines ist hingegen klar: trotz der Rezession ist der Reichtum nicht verschwunden – im Gegenteil. Hinter dem Reden von der »Krise«, in dem sich die Verantwortlichen gegenseitig überbieten, verbergen sich ein neuer Reichtum und ganz präzise Interessen. Nicht einmal die behördlichen Statistiker können in ihren zahlreichen Studien über die Entwicklung der Kaufkraft und die Verteilung der Erbschaften die Augen vor dieser Tatsache verschließen: In diesen schwierigen Zeiten erfreut sich eine Minderheit eines ständig wachsenden Vermögens, während die Mehrheit sich mit einem stagnierenden oder rückläufigen Einkommen begnügen muß. Das ist in den Vereinigten Staaten nicht anders als in Deutschland, Frankreich oder England.

Auf beiden Seiten des Atlantiks sanken die Kapitalsteuern, um das Geld im Land zu halten. Die indirekten Steuern dagegen, insbesondere die Verbrauchssteuern, steigen, was die Besitzenden auf Kosten derer begünstigt, die allein von ihrer Arbeit leben.

In der Zwischenzeit hat das Wörterbuch der Allzweck-Phrasen einige Neueintragungen zu verzeichnen. Man hört zum Beispiel oft, daß man die Krise überwinden müsse; in Deutschland hat die Rede vom »Ruck« die Runde gemacht. Was mit

dieser physiologischen Metapher eigentlich gemeint sein soll, bleibt schleierhaft. Ein richtungs-
loser Bewegungsimpuls. Dann gibt es
Leute und Unternehmen, die »auf der
Strecke bleiben«, die »den Anschluß
verpaßt« haben. Aber was ist eigentlich genau mit diesen Metaphern gemeint?

Die Rhetorik der Krise verspricht immer noch die Aussicht auf eine bessere Zukunft, aber dieses Versprechen wird immer unglaubwürdiger.

Die Rhetorik der Krise verspricht immer noch die Aussicht auf eine bessere
Zukunft, aber dieses Versprechen wird immer unglaubwürdiger. Man kann nicht länger den Wandel
leugnen, der mitten ins Herz des Wohlfahrtsstaates
zielt. In den achtziger Jahren hat sich die Schere
zwischen Reich und Arm immer weiter geöffnet.
Dies geschah stets mit Hinweis auf eine angeblich
unumgehbare internationale Konkurrenz. Das
englische Wochenblatt *The Economist* schrieb
1989 aus Anlaß der Zweihundertjahr-Feiern der
Französischen Revolution: »Der Abstand, der sich
heute in allen Gesellschaften zwischen Reichen
und Armen auftut, kann neue Formen der sozialen Erhebung hervorbringen, in denen die Ideen
Babeufs und anderer Revolutionäre ihren Wider-
hall finden werden.« Und einige Jahre später war
in derselben Zeitschrift, die doch ein treues Sprach-
rohr des Wirtschaftsliberalismus ist, zu lesen:
»Marx hat vielleicht in einem Punkt nicht unrecht:
Der Kapitalismus bringt ein Proletariat hervor, das
im schändlichsten Elend lebt.«
Die vermeintlich krisengeschüttelten Gesellschaften, von denen da die Rede ist, zählen zu den reichsten der Welt, zu den reichsten, die es in der Ge-

schichte überhaupt je gab. Trotzdem argumentieren die Ökonomen so, als befänden wir uns noch in einer Mangelwirtschaft. Wenn man erst einmal die nächste gefährliche Klippe umschifft habe, so heißt es, steige das Wachstum auch wieder stärker, es werde für das Kapital wieder interessant, Investitionen zu finanzieren, weil wichtige Bedürfnisse zu befriedigen seien. Wenn die Experten von der zukünftigen Nachfrage reden, denken sie freilich nicht an Behausungen für die Obdachlosen oder an Arbeit für die Arbeitslosen. Vielmehr schweben ihnen wichtigere Bedürfnisse vor und wichtigere Waren, auf die anscheinend jeder wartet: neue Kommunikationsnetze, noch bessere Fernsehbilder, intelligente Häuser und dergleichen mehr.

Diese schrecklichen Zukunftserfinder verharren nicht bloß in der Hersteller-Logik, sondern bleiben auch Gefangene der Mangel-Logik. Das Elend des Alltags erreicht sie gar nicht. Für sie besteht kein Zweifel daran, daß uns neue Produkte und eine wiederbelebte Nachfrage aus der Klemme helfen werden, indem sie das Wachstum »ankurbeln«. Sie ignorieren, daß die gegenwärtige Krise nichts mit fehlenden Ressourcen oder Produktionsengpässen zu tun hat. Ganz im Gegenteil: Weil wir zuviel herstellen und zuviel haben, gibt es die Krise. Denn der Wirtschaftsliberalismus versteht sich nicht darauf, den Überfluß zu verteilen. Keynes meinte einst, daß die Gesellschaft an einer verhängnisvollen Epidemie von Pessimismus leide – und wir glauben bis heute zu Unrecht, daß es dagegen ein ökonomisches Heilmittel gebe.

Tatsächlich ist die Wirtschaftswissenschaft keine

Wissenschaft vom Überfluß. Sie weiß mit dem Zuviel nichts anzufangen. Ihre Gleichungen gehen nicht mehr auf, wenn es zuviel von vielem gibt. Der ökonomische Diskurs gründet seit Adam Smith auf protestantisch gefärbten Vorstellungen von Mangel und Anstrengung. Wie soll man die unzureichende Menge der Güter verteilen, wie die begrenzten Ressourcen optimal nutzen und wie die einträglichsten Investitionen aufspüren – so lauten die Fragen, die die Ökonomen uns beantworten können. Lionel Robbins beispielsweise hat folgende Definition der Wirtschaftswissenschaft vorgeschlagen: Sie beschäftige sich mit dem Studium des menschlichen Verhaltens in der Spannung zwischen dem, was erreicht werden soll, und den begrenzten Mitteln zum Erreichen dieses Ziels. Es geht also um die Erfindung und Ausbeutung von Ressourcen. Von den (einst) unbegrenzten Ressourcen der Natur wie Luft, Licht oder Wasser ist nicht die Rede, weil sie nicht ins Konzept passen. Auch daß die Menschheit theoretisch recht annehmlich leben könnte, wenn alle nur zwei Stunden täglich arbeiteten und die Ressourcen- und Güterverteilung einigermaßen gerecht wäre, gibt den Wirtschaftswissenschaftlern nicht zu denken. Ihre Wissenschaft bleibt eine Wissenschaft von Bedarf und Not, eine Wissenschaft der organisierten Misere. Also eine malthusianische Wissenschaft, denn, so Malthus, die Menschheit kann trotz aller Anstrengungen dem Gesetz der Not nicht entkommen. Gegen den Vorwurf, sie seien bloß Experten eines

Tatsächlich ist die Wirtschaftswissenschaft keine Wissenschaft vom Überfluß. Sie weiß mit dem Zuviel nichts anzufangen.

Mangels, den es gar nicht mehr gebe, würden die Ökonomen einwenden, daß die menschlichen Bedürfnisse und Wünsche prinzipiell nie ganz ausschöpfbar und erfüllbar seien und daß es gemessen an dieser unendlichen Nachfrage also nach wie vor ein Phänomen der Knappheit auch in den reichen Gesellschaften gibt. Das ist zum Teil sicher richtig. Aber was soll man von einer Wirtschaft und einer Gesellschaft halten, die mit aller Macht und mit allen möglichen Kunstgriffen diese Nachfragespirale immer weiter hochtreibt? Nach wie vor funktioniert unsere Wirtschaft wie eine Nachfragemaschinerie. Sie versucht, Mangel zu produzieren, wo es noch keinen Mangel gibt. Was die Psychoanalyse in den Augen von Karl Kraus war, ist heute auch die Wirtschaft: die soziale Krankheit, für deren Therapie sie sich hält.

Was die Psychoanalyse in den Augen von Karl Kraus war, ist heute auch die Wirtschaft: die soziale Krankheit, für deren Therapie sie sich hält.

Daß die Überfülle eine wirkliche Gefahr für die liberale Ökonomie ist, hat man schon öfter beobachten können. Als ein besonders groteskes Beispiel sei das stereotype Verhalten der großen Banken Ende der siebziger Jahre angeführt, als die Petrodollar der erdölproduzierenden Staaten sie erreichten. Man wußte nicht recht, was man mit dem vielen Geld anstellen sollte, und lieh es den ärmsten Ländern der Welt – häufig für vollkommen absurde Vorhaben und für Prestigeprojekte von pharaonenhaftem Ausmaß. Die Banken verliehen das Geld, ohne an die Zukunft zu denken. Denn auf dem Papier machten die Zahlen schließlich Eindruck. Die Finanzkrise Mexikos im Jahr 1982 läutete dann das Ende dieser Politik ein. Der Schaden aber war schon entstanden: In der südlichen Hemisphäre benötigte man zur Regeneration über zehn Jahre, und im Norden fanden einige Banken nur unter größter Mühe ihr Gleichgewicht wieder.

Der amerikanische Ökonom John K.Galbraith versuchte in seinem 1958 erschienenen Hauptwerk »Gesellschaft im Überfluß« die völlig neuartige Ära des Überangebots an Waren zu analysieren. Er stellte fest, daß die überkommenen Ideen gar nicht mehr die Welt erfassen, die begreiflich zu machen sie vorgeben. Galbraith warf seinen Kollegen vor, daß sie den fundamentalen Wandel nicht verstanden hätten. Zwar seien die Wirtschaftswissenschaftler bemüht, das Zeitalter des Überflusses zu fassen und einige ökonomische Maximen entsprechend umzustoßen oder umzuformulieren. Dagegen habe es allerdings so beträchtlichen Widerstand gegeben, daß man sich teilweise noch von Ideen leiten lasse, die der Welt von gestern entstammen. So komme es, fährt Galbraith fort, daß dauernd überflüssige, schädliche und unsinnige Maßnahmen ergriffen würden. Das Risiko einer Depression etwa werde aus freien Stücken um ein beträchtliches erhöht, und man trage auf diese Weise selbst dazu bei, den Wohlstand zu gefährden. Weder die Unternehmer noch die Politiker oder Ökonomen haben bisher wirklich zu verstehen versucht, was das »Zuviel« eigentlich bedeutet. Denn eine solche Analyse würde die Fundamente der hergebrachten Ökonomie ebenso ins Wanken bringen wie die Stellung der Ökonomen.

Mit einem Augenzwinkern hat Keynes einmal gesagt, daß alle Welt sich glücklich schätzen könnte, wenn die Ökonomen dieselbe Mischung aus Bescheidenheit und Kompetenz an den Tag legen würden wie etwa die Zahnärzte. Die Ökonomen aber wollten mehr. In den Jahren des Wachstums wollten sie sogar Schönheitschirugie am sozialen Körper praktizieren. Jetzt, wo die Krise da ist, sagen die einen, daß die Wirtschaftswissenschaften sich nach wie vor in einem frühen Entwicklungsstadium befänden; andere gestehen zu, daß die herrschenden Theorien in allen wichtigen Fragen generell keine begründeten Schlüsse zulassen. Da die Wirtschaftswissenschaftler selbst der von ihnen gepriesenen Konkurrenz ausgesetzt sind, trägt jeder im Lauf seiner Karriere einige Torheiten und unsinnige Rechnungen vor, um sein Terrain zu behaupten und sich bei Förderern und Politikern beliebt zu machen. Sobald ihnen die Rente aber Muße läßt, abseits des Getümmels ein wenig nachzudenken, beginnen sie in Artikeln und kleineren Schriften eine Art tätige Reue zu üben. So äußerten Kapazitäten wie Kenneth Arrow oder Edmond Malinvaud im Alter ihre Zweifel an einigen ökonomischen Axiomen und versuchten, sich theoretisch jenen Realitäten anzunähern, die sie zuvor in ihrem wissenschaftlichen Werk vernachlässigt hatten.

Sobald die Rente ihnen Muße läßt, beginnen viele Ökonomen, tätige Reue zu üben.

Die Befreiung vom Mangel hat den Gesellschaften einen hohen menschlichen und ökologischen Tribut abgefordert. Max Horkheimer wies bereits 1966, zu einem Zeitpunkt, da diese Befreiung vom Mangel noch nicht vollendet war, darauf hin, daß die Herrschaft der Natur über den Menschen nicht etwa abgelöst werde durch das von Marx verheißene Reich der Freiheit, sondern durch eine total technisierte und verwaltete Welt. Indem sie Not und Mangel entgeht, unterwirft sich die Gesellschaft der scheinbaren Freiheit des vollständig vorproduzierten Lebens. Die Aufständischen des Mai 1968 wollten gleichzeitig gegen die alten Formen der Unterdrückung, etwa die Fließbandarbeit in den Fabriken, und gegen die neuartige Abhängigkeit in Form der Technikherrschaft und des standardisierten Verbrauchs kämpfen. Selbst in einer Gesellschaft groß geworden, in der der Mangel und die Not dabei waren zu verschwinden, bemerkten die Studenten nicht, daß die Zeiten sich schon änderten und daß ihre Protestbewegung einen Wandel nur noch beschleunigte, der dabei war, die Bedürfnisse und sozialen Räume immer künstlicher werden zu lassen. Das ändert freilich nichts an der einzigartigen historischen Situation, daß eine ganze Gesellschaft sich des Kreislaufs von Not und Mangel enthoben glaubte. Und was in den sechziger Jahren geschah, war in der Tat völlig ungewöhnlich. Zuerst in den Vereinigten Staaten, dann in Europa, versuchte man, die Konsequenzen aus diesem grundlegenden Wandel zu ziehen. Es schien an der Zeit, eine neue Wirtschaftsform zu erfinden und auch einen neuen Lebensstil. Selbst wenn alles nur Traum und Utopie gewesen sein sollte, die Revolte wurde ernst genommen, und die Antwort ließ nicht lange auf sich warten. Der Mangel kehrte unter neuem Namen und mit neuem Gesicht zurück. Er schlich sich ein unter Begriffen wie »Hochtechnologie«, »Absatzkrise« oder »Arbeitsplatzabbau«. Alles sammelte sich in einem Begriff, der immer wichtiger werden sollte: Konkurrenz.

In einem wenig bekannten Text über »Die wirtschaftlichen Perspektiven unserer Enkel« hatte Keynes bereits in den frühen dreißiger Jahren die Heraufkunft eines neuen Zeitalters des Überflusses prophezeit, in dem man sich um die Befriedigung der Grundbedürfnisse gar nicht mehr zu sorgen haben werde. Aber sehr bald, so sagte Keynes in Anlehnung an Adam Smith und David Ricardo voraus, würden andere, relative Bedürfnisse an die Stelle der erfüllten Grundbedürfnisse treten – vor allem das Bedürfnis des Egos, sich zu unterscheiden, sich anderen überlegen zu fühlen. Dies ist zweifellos ein nie zu befriedigendes Verlangen, weil es immer in dem Maß wächst, in dem es für den Augenblick befriedigt wird. »Mir graut vor dem Moment, in dem der gemeine Mann seine Gewohnheiten und seine Instinkte den Verhältnissen anpaßt und das über Bord wirft, was ihm in den vergangenen Generationen in einem kulturellen Erziehungsprozeß vermittelt worden ist. (…) Müssen wir nicht eine kollektive nervöse Depression befürchten? (…) Wir sind zu sehr auf Entbehrung und Kampf eingerichtet, als daß wir nun zu einer Gesellschaft von Genießern werden könnten.« Keynes forderte damals, daß die Menschen, um den Weg ins Reich der Freiheit erfolgreich beschreiten zu können, an den alten »Tugenden« festhalten müßten: »Der Geiz, die Raffgier und das Mißtrauen sind Götter, die wir noch nicht sterben lassen sollten. Nur sie können uns das Licht am Ende des Tunnels der wirtschaftlichen Erfordernisse weisen.«

Keynes hatte als Ökonom recht, als Philosoph aber täuschte er sich. Es sollte genau umgekehrt kommen: Gerade weil die Menschen sich dazu gedrängt sahen, an den Göttern der Vergangenheit festzuhalten, wurden sie nicht fertig mit dem neuen, massenhaften Wohlstand. So wäre es weise gewesen, sich in der frühen Phase der Wohlstands- und Überflußgesellschaft zu mäßigen. Tatsächlich aber wurde das Konsum- und Produktionstempo noch beschleunigt, um das Wirtschaftssystem zu stützen. Das von den Ökonomen prophezeite neue Zeitalter des Wohlstands war also eingetreten; die alten Götter aber waren und sind immer noch da, und man bringt ihnen mehr Respekt entgegen denn je. In den westlichen Gesellschaften hat sich der unmittelbare Kampf um die Befriedigung der alltäglichen Bedürfnisse zwar erheblich gemildert und erfordert zudem immer weniger körperliche Anstrengung und immer weniger Zusammenarbeit zwischen den Menschen. Aber nun steht dafür jeder mit jedem im Wettbewerb – mit der Folge, daß die sogenannten zivilisierten Gesellschaften tatsächlich unter einer »kollektiven nervösen Depression« leiden. Der alte Kampf um das tägliche Brot wurde abgelöst durch eine andere Art Existenzkampf, der möglicherweise noch härter ist. Denn in der Welt des Wettbewerbs gibt es mit Sicherheit keinen Zustand der Sättigung. Wie der Situationist Guy Debord in seinem Buch über die »Gesellschaft des Spektakels« feststellte, haben die moderne Ökonomie und das wirtschaftliche

Wachstum die Gesellschaft zwar vom Druck des unmittelbaren Überlebenskampfes befreit; von diesem Befreier selbst aber sind sie noch nicht befreit. So kommt es zu einer paradoxen Umkehrung: In den von der Ökonomie beherrschten Gesellschaften ist die Arbeit zu einem Schutz vor dem Irrsinnigwerden im vorfabrizierten Leben geworden.

Die moderne Ökonomie und das wirtschaftliche Wachstum haben die Gesellschaft zwar vom Druck des unmittelbaren Überlebenskampfes befreit; von diesem Befreier selbst aber sind sie noch nicht befreit.

Die in den Wirtschaftswissenschaften nach wie vor herrschende und leitende Vorstellung vom Mangel unterwirft die Menschen einem Mechanismus der unendlichen Steigerung ihrer Bedürfnisse. Die Gesellschaft akzeptiert, daß alles sich in wirtschaftlichen Kategorien ausdrücken, in Soll und Haben auflösen läßt. Es kommt darauf an, Knappheit zu schaffen, alles andere zählt nicht. Wie ist es dazu gekommen? Adam Smith konnte noch eine relativ leichte Unterscheidung zwischen Handels- und Gebrauchswert treffen: Wasser sei dem Menschen unabdingbar, aber in der Regel als Tauschwert völlig unbrauchbar. Mit Wasser könne man nichts kaufen. Ein Diamant dagegen habe kaum einen praktischen Gebrauchswert, dagegen aber einen hohen Handelswert. Dieser Widerspruch zwischen Nützlichkeit und Wert blieb lange eine Grundannahme der entstehenden Wirtschaftswissenschaft. Erst ein Jahrhundert später, gegen 1880, wurde dieses Paradox mit der Lehre vom »Grenznutzwert« aufgelöst. Nach dieser Theorie, die sich deutlich von der des Adam Smith unterscheidet, zählt allein der Nutzwert der letzten konsumierten Einheit einer

Ware. So kann der Verbraucher ein, zwei Gläser Wasser trinken, und wenn er sehr durstig ist, auch drei Gläser. Das vierte Glas aber wird ihm keine zusätzliche Befriedigung bringen. Insofern ist der Grenznutzwert des Wassers gering, auch wenn sein Nutzwert insgesamt sehr hoch ist. Anders der Diamant: Je mehr man davon hat, desto mehr kann man dafür eintauschen und erwerben; der relative Nutzwert ist also sehr hoch. Es wird also hochgeschätzt, was selten ist; allgemeine Güter schätzt man dagegen gering. Die Ökonomie trägt eine große Verantwortung, wenn sie so argumentiert, da sie, um im Bild zu bleiben, beispielsweise den tatsächlichen Wert des Wassers völlig verkennt. Aber damit nicht genug – bald bekamen selbst die einfachsten Güter des täglichen Bedarfs den Stempel des Seltenen aufgedrückt. Was früher im Überfluß vorhanden war oder schien – Luft, Wasser, fossile Brennstoffe, Raum und Zeit – zählt heute zu den gefährdeten und nicht unbegrenzt reproduzierbaren Gütern. Dagegen stehen Dinge, die einst rar waren, heute im Überfluß zur Verfügung. Diese Verschiebung müßte eigentlich das Ende des Ökonomismus bedeuten oder doch das Ende eines Wirtschaftsdenkens, dessen Leitidee der Mangel ist. Die Ökonomien müßten über die Bedingungen von Mangel und Überfluß neu nachdenken. Es ist freilich noch zu früh, eine solche Revolution zu verkünden. Im Moment gehen die Anstrengungen der Experten eher in die entgegengesetzte Richtung: Man versucht, alles über einen Leisten zu schlagen, nämlich den des Grenznutzens. Saubere Luft, Ruhe, Ausbildung, einfach alles kann in diese

Nutzrechnung einbezogen und so zur Ware gemacht werden. Das Ensemble der menschlichen Bedürfnisse, unter ihnen die allereinfachsten und gewöhnlichsten wie ein Waldspaziergang, unterliegen seitdem einer Mediatisierung. Sie werden artifiziell und handelbar gemacht.

Man sorgt sich um den Lebensraum der Tiere, macht sich aber wenig Gedanken über den Lebensraum der Menschen. Dieser Raum scheint einerseits im Überfluß dazusein, erscheint andererseits aber von der Vernichtung bedroht. Die überkommene Ökonomie bietet hier keine Orientierung. Auf einem Planeten, der von mehr als sechs Milliarden Individuen bevölkert wird, ist der Grenznutzwert des einen Menschen für den anderen gleich null, etwa wie ein Glas Wasser in der Nähe eines Brunnens. Massaker und Hungersnöte sind für Marktideologen letztlich nur ein Beweis für die Gültigkeit dieser wirtschaftlichen Logik. Der Wirtschaftsliberalismus als herrschende Ideologie bringt die Menschen dazu, in einer offenen Welt ohne Grenzen und ohne enge Gemeinschaften zu leben. Aber an die Stelle der alten Abgrenzungen und Feindseligkeiten tritt nun nicht eine allgemeine Solidarität oder gar eine universelle Brüderlichkeit.

Unser Wirtschaftssystem ermuntert die Menschen zur völligen Gleichgültigkeit.

Im Gegenteil: Dieses Wirtschaftssystem ermuntert die Menschen zur völligen Gleichgültigkeit. Die Wirtschaftswissenschaft interessiert sich nicht für den Menschen, ist also in keinem Sinne eine humanistische Disziplin. So geht die Theorie vom Grenznutzwert, also die neoklassische Tradition, von einer absoluten Autonomie des

Individuums und einer absoluten Rationalität aller Menschen aus. In Wirklichkeit aber spielt das Individuum gar keine Rolle, weil allein der Markt den Preis und die Auswahl bestimmt. Der Wirtschaftsliberalismus feiert das Individuum in der Theorie, läßt es in der Praxis dann aber fallen.

Die ernstzunehmenden Wirtschaftstheoretiker versuchen deshalb, zwischen einer tatsächlichen und einer normativen Ökonomie, zwischen Beschreiben und Vorschreiben zu unterscheiden. »Die positive, tatsächliche Wirtschaftswissenschaft will objektive oder wissenschaftliche Erklärungen der Funktionsweise der Ökonomie liefern«, heißt es in einem neueren wirtschaftswissenschaftlichen Lehrbuch. Die normative Ökonomie dagegen gebe Empfehlungen, die auf persönlichen Werturteilen beruhten. Auch wenn die Wirtschaftswissenschaft also selbst schon eine gewisse Skepsis gegenüber den vorfabrizierten Entwürfen hegt, glauben doch noch allzu viele Leute, daß die Wirtschaftstheorien objektiv und neutral seien. Die Wirtschaftswissenschaft mitsamt ihren Diskursen und den konventionellen Ideen, die, wie Galbraith sagt, von Unternehmern und Journalisten wiedergekäut werden, beeinflussen und konditionieren das Verhalten und die Maßstäbe der Menschen. So ist das Wirtschaften selbst mitsamt seinen Zielsetzungen in hohem Grade normativ. Die Wirtschaft verwandele die Welt, meint Guy Debord, aber sie verwandele sie bloß in eine Wirtschaftswelt.

Aus heutiger Sicht nehmen sich die drei glücklichen Nachkriegsjahrzehnte in den westlichen Gesellschaften wie eine Ausnahmeerscheinung aus. Denn in dieser Ära hatte der Kapitalismus ein gemeinsames Interesse mit der Mehrheit der Bevölkerung. Der Profit der Unternehmer und der Finanzelite ging einher mit wachsendem Wohlstand der breiten Masse der Bevölkerung. Davon kann heute keine Rede mehr sein. In einem Vortrag, den der auch an Ökonomie interessierte Philosoph Alexander Kojève 1957 in Düsseldorf hielt, überraschte er sein Publikum, indem er behauptete, daß Henry Ford der einzige große »orthodoxe« Marxist des Jahrhunderts gewesen sei. Hinter diesem Paradox steckt eine tiefe Wahrheit. Durch den Taylorismus und die Fließbandarbeit bei Ford, die immer weitergetriebene Zerlegung der Arbeitsschritte, konnte der Kapitalismus ein Programm des Massenkonsums realisieren, mit dessen Hilfe dem Klassenkampf ein Ende bereitet wurde. In einer Welt, in der jeder mit jedem zusammenhing, entstand so eine Interessens-, wenn nicht eine Schicksalsgemeinschaft zwischen den Unternehmern und den Angestellten, die zu Verbrauchern aufgestiegen waren: Ford bezahlte seine Arbeiter besser, damit sie sich alle ein Automobil von Ford kaufen konnten. Kojève hat recht: Zwischen den Zielen des Marxismus und denen eines Kapitalismus à la Ford besteht kein Widerspruch. Diese Annäherung der Zielsetzung erfolgte in den westlichen Staaten zwar auf je eigene Weise: in Frankreich mit Hilfe der Planung und Durchsetzung eines republikanischen Modells, in Nordeuropa durch die Sozialdemokratie und in

Zwischen den Zielen des Marxismus und denen eines Kapitalismus à la Ford besteht kein Widerspruch.

den Vereinigten Staaten mit Hilfe starker Gewerkschaften. Doch ungeachtet dieser Unterschiede verlief die Entwicklung während einiger Jahrzehnte überall in dieselbe Richtung. Seit Mitte der sechziger Jahre allerdings wurden in den Vereinigten Staaten konservative oder ultraliberale Stimmen gegen diesen Marxismus à la Ford laut.

Linke Ökonomen wollen in der gegenwärtigen Krise ein Indiz für die Krise des Kapitalismus selbst sehen. Sie irren sich. Der Kapitalismus gilt seit seinem Beginn als absterbend, zumindest seit der Zeit, da es linke Ökonomen gibt. Aber er versteht es immer wieder, seinen Kopf aus der Schlinge zu ziehen. In Wahrheit nämlich lebt er von der Krise. Letztlich waren die Schwierigkeiten der vergangenen zwei Jahrzehnte tatsächlich eine Antwort auf die Bedrohung, die der Überfluß für das kapitalistische Wirtschaftssystem bedeutete. Massenproduktion und Massenkonsum drohten dem Kapitalismus selbst gefährlich zu werden. Der Marxismus kam sozusagen durch die Hintertür des Ford T-Modells. Deshalb schuf man mit aller Macht neuen Mangel, insbesondere durch die Öffnung der Einkommensschere. Das widersprach zwar jeglicher gesellschaftlichen Vernunft, und man brach damit auch den Elan, der den Menschen, wie Engels sagt, vom König im Reich der Notwendigkeit zum König im Reich der Freiheit machen will. Aber der klassenversöhnende Kapitalismus à la Ford ließ dem Kapitalismus selbst eben nicht mehr genug Raum. Also haben die Kapitalisten diesen Kapitalismus symbolisch sterben lassen. Die »Krise« ist der imaginäre Bösewicht, den der Wirtschaftsliberalismus erfunden hat, um wieder Kräfte zu sammeln und dem Wettbewerb erneut freie Bahn zu verschaffen. In den achtziger Jahren kam dann die Ära der Firmengründer, der Finanzabenteurer, der Börsen-Coups und der medialen Hochämter für die großen Manager. In diesen gesegneten Zeiten, an die manche schon mit Nostalgie zurückdenken, erschien der Kapitalismus als letzter Freiraum für Spiel und Heldentum. Heute ist der Glanz der achtziger Jahre stumpf, der Zynismus dagegen hat sich verdoppelt. Die »Krise« war also tatsächlich eine Möglichkeit, das liberale Wirtschaftssystem vor seinem eigenen Erfolg und dem Entstehen eines allzu großen Überflusses zu retten, der seine Grundlage bedrohte.

Es bedeutet im Kapitalismus wenig, daß seine Erneuerung zugleich auch den Tod einer Welt bedeutet; man ist so sehr um seine Gesundheit bemüht, daß gar nicht bemerkt wird, wie er jene Gesellschaft in Agonie versetzt, die wiederherzustellen er vorgibt. Der spanische Schriftsteller Juan Goytisolo schrieb jüngst, daß die heutige Bourgeoisie ebenso raffgierig und grausam sei wie die der ersten Industriellen Revolution, mit dem Unterschied, daß sie weniger herstelle, dafür aber mehr spekuliere. Es steht tatsächlich außer Frage, daß der neue Kapitalismus seine Kraft aus der sozialen Implosion zieht, denn die Depression ist die einzige Ursache des neuen Reichtums.

Ford und Keynes sind passé. Zwischen »oben« und »unten« gibt es kein gemeinsames Interesse mehr; im Gegenteil, der Abstand wird immer spürbarer. In seiner 1971 erschienenen »Theorie der Gerechtigkeit« zog der liberale Theoretiker John Rawls die Lehren aus einer Epoche, die nunmehr vorüber ist. Rawls meint, eine Gesellschaft sei gerecht, wenn sie zwei Prinzipien beachte: Zum einen müsse sie Chancengleichheit gewährleisten (wovon man im Augenblick weit entfernt ist), zum anderen seien Unterschiede dann zu rechtfertigen, wenn sie eine Dynamik in Gang setzen, von der auch die Benachteiligten profitieren. Mit anderen Worten: Vermögensunterschiede ebenso wie Hierarchien sind dann hinzunehmen, wenn sie zu wirtschaftlichem Wachstum führen, das den Armen nutzt. Dieses Prinzip des Unterschieds, wie Rawls es nennt, ist in Wirklichkeit die Verteidigung eines gemäßigten Liberalismus unter den Bedingungen des Wohlfahrtsstaates, also jenes Systems, das die westlichen Gesellschaften zwischen 1945 und dem Ende der siebziger Jahre in unterschiedlichem Ausmaß praktizierten. Rawls greift übrigens eine Unterscheidung auf, die John Stuart Mill in seinen »Grundsätzen der politischen Ökonomie« entwickelt hat. Für Mill sollte die *Produktion* »natürlich« sein, also keinerlei Steuerung unterliegen, während die *Verteilung* der Güter politisch gesteuert werden muß. Was aber ist, wenn die durch soziale Unterschiede hervorgerufene Dynamik in erster Linie den Reichen nutzt? Was, wenn die Politik des Staates, die darauf ausgerichtet ist, den Armen zu helfen, den wirtschaftlichen Elan bricht und damit zur Verarmung der Gesellschaft insgesamt und auch der Armen führt? Rawls hat darauf keine

Ford und Keynes sind passé. Zwischen »oben« und »unten« gibt es kein gemeinsames Interesse mehr; im Gegenteil, der Abstand wird immer spürbarer.

Antwort. Der »soziale« Utilitarismus ist hilflos, wenn von Marktideologen gefordert wird, daß die sozialen Unterschiede noch größer werden müßten, damit der zu verteilende Kuchen wieder größer werde – eine Forderung, die wir seit einiger Zeit kennen und erfüllen (müssen). Die Rhetorik der Krise und des Wettbewerbs verschleiert die wachsenden sozialen Unterschiede und ein soziales Debakel, dessen Auswirkungen man noch zu spüren bekommen wird. Unter den gegenwärtigen Wettbewerbsbedingungen, mit einer forcierten Konkurrenz der Akteure, fällt es schwer, sich eine andere, in Rawls' Sinn gerechte Politik vorzustellen. Die Zeit der allgemeinen Prosperität der Nachkriegsjahrzehnte ist definitiv vorbei, politisch wie wirtschaftlich.

In den vergangenen Jahren hat es Banken gegeben, die »kleine Kunden« nicht mehr annahmen oder zu vertreiben suchten, Versicherungsgesellschaften machten sich Gedanken über die Aidsbefunde ihrer Versicherten, private Schulen trafen eine strengere Auslese, amerikanische Krankenhäuser lehnten es ab, mittellose Kranke zu behandeln. Einige Unternehmen entwarfen besonders luxuriöse und limitierte Produktlinien, andere entwickelten, speziell für Arbeitslose und die Masse der Kleinverdiener, Billigprodukte minderer Qualität. Immer mehr Familien leben immer schlechter, mit immer schlechteren Waren und Dienstleistungen, und all das regt niemanden besonders auf. Die weitgehende Gelassenheit, mit der dies hingenommen wird, ist die wirkliche Sensation der gegenwärtigen politischen Lage.

Daß die Konkurrenz dort wieder Mangel entstehen läßt, wo es eigentlich keinen mehr gibt, gerade für die wohlhabenden Verbraucher, äußert sich auf vielfältige Weise: in Form einer forcierten Innovation, durch die Ausdehnung der Produktspannbreiten und ähnliches mehr. Das ist auch der Grund, aus dem die Krise der letzten Jahre paradoxerweise einen immer rascheren – realen oder nur scheinbaren – technischen Fortschritt hervorgebracht hat, immer höhere Marketing- und insbesondere Werbeausgaben verursachte und schließlich ein immer differenzierteres Warenangebot beim Massenkonsum schuf. Wenn gelegentlich vom »tödlichen Fortschritt« oder von der »ermordeten Zukunft« die Rede ist, dann ist die Konkurrenz als Realität und Vorstellung sicher der Motor dieses Fortschritts.

Die Konkurrenz als Realität und Vorstellung ist der Motor des »tödlichen Fortschritts«.

Seit dem Ende der siebziger Jahre hofft man, daß eine neue Industrielle Revolution die schönen Jahre des großen Wirtschaftswachstums wiederkehren lassen möge. Statt der Revolution ereigneten sich aber bloß Scheinrevolutionen. Natürlich haben die Elektronik im allgemeinen und die Computerisierung im besonderen die Unternehmen ebenso wie das Alltagsleben verändert, aber zugleich ließen gerade diese neuen Technologien die Idee einer Industriellen Revolution obsolet werden. Was die neuen Technologien bewirkt haben, ist in keiner Weise mit der Revolution vergleichbar, die durch Kohle und Stahl, durch die Automobilindustrie und die Elektrizität ausgelöst wurde. Die Entwicklung der Technik bringt zwar neue Produkte wie den Heimcomputer oder Satelliten hervor; vor allem aber ersetzt sie menschliche Dienstleistungen. Mit den neuen Technologien wird eine alte Vorstellung von »Industrie« abgelöst und mit ihr der Begriff von Geschicklichkeit und handwerklicher Erfahrung. Die Elektronik mitsamt ihren diversen Anwendungen hat in erster Linie also die Möglichkeit geschaffen, Arbeitskräfte »abzubauen«.

Noch für einige Zeit werden die neuen Technologien somit maßgeblich dazu beitragen, daß in den hochentwickelten Ländern Arbeitsplätze verlorengehen. Die Ökonomen sagen dazu: Das Betriebskapital wird auf Kosten der menschlichen Arbeit gestärkt. Der zweite Effekt des Siegeszugs der Elektronik ist nicht weniger gefährlich. Ebenso wie jedes Unternehmen nunmehr dem globalen »Markt« angeschlossen ist, sieht sich auch jedes Individuum von nun an bei der Arbeit oder zu Hause eingegliedert in eine Art Weltspektakel, das Spektakel der Ökonomie.

Der erste Effekt des elektronischen Zeitalters war die »Demokratisierung« der Sorge um die Rendite, die früher allein Angelegenheit der Führungskräfte war. Was einst verborgen war, ist heute teilweise offengelegt, freilich auf eine ganz bestimmte Art und Weise. Denn durch den dauernden und durch keine Grenze gehemmten Informationsfluß muß jedermann sofort reagieren. Mit dem Computer hat sich die Konkurrenz der Wirtschaftssubjekte erheblich erweitert, intensiviert und beschleunigt. Konkurrenz ist heute fast jedermanns Sache

Der erste Effekt des elektronischen Zeitalters war die »Demokratisierung« der Sorge um die Rendite, die früher allein Angelegenheit der Führungskräfte war.

geworden. Die Informationstechnologie zieht also
eine Reihe von miteinander verknüpften Phänome-
nen nach sich, die wir, so steht zu befürchten, noch
gar nicht alle kennen. Dem menschlichen Zusam-
mensein ist hierdurch etwas Wesentliches verloren-
gegangen: der wohltätige Rhythmus zwischen Arbeit und Erholung.

Nach alledem braucht man sich also nicht mehr zu
wundern, wenn in einer Reihe von hochentwickelten Ländern wie den Vereinigten Staaten, Frankreich, England und anderen die Vermögensunterschiede sich wieder vergrößern. Da es eine dritte
Industrielle Revolution sowenig gibt wie eine mas-
sive Nachfrage nach gesellschaftlich nützlichen
Gütern, ist eine immer weiter diversifizierte Produktion die einzige Rettung. Und genau deshalb
müssen auch die Einkommen sich deutlich unterscheiden. Und da die größten Unternehmensgruppen weltweit operieren, zählt ihre Wettbewerbsfähigkeit mehr als das Wohlergehen der eigenen
Arbeiter und Angestellten. In dem gegenwärtigen
System der Konkurrenz scheint eine Parallelität der
Interessen oder gar Solidarität zwischen der Bevölkerung und der kapitalistischen Elite nicht möglich. Immer mehr Unternehmen interessieren sich
auch gar nicht oder nur höchst indirekt für die
große Menge der Individuen; ihr Interesse liegt wo-
anders: in den Finanzberufen, in der Produktion
von Luxuswaren und in der Beratung anderer
Unternehmen. Ein anderer Teil hat vornehmlich
öffentliche Verwaltungen und Gemeinden sowie
internationale Organisationen zu Kunden. Vor diesem Hintergrund versteht man besser, warum

dreißig oder vierzig Millionen Arbeitslose in den entwickelten Ländern für die Führungskräfte kein ökonomischer Faktor sind. Auch den Mächtigen dieser Erde scheinen sie keine besonders großen Sorgen zu machen. Allenfalls die Hellsichtigsten unter ihnen fürchten, laut *Economist*, Aufruhr und Widerstand. Das Zeitalter der Wirtschaftsdemokratie ist also vorüber. Und das ist vielleicht gar nicht einmal so schlecht, da der Kaiser nun tatsächlich beinahe nackt ist.

Das Zeitalter der Wirtschaftsdemokratie ist also vorüber. Und das ist vielleicht gar nicht einmal so schlecht, da der Kaiser nun tatsächlich beinahe nackt ist.

Früher erfand man bei solchen Gelegenheiten eine Verschwörung und entwickelte eine entsprechende Theorie, und auch heute hoffen einige noch, daß irgendein Geheimnis hinter all diesen Entwicklungen steckt, eine Art Geheimmacht. Aber es gibt weder das große Geheimnis noch eine Verschwörung. Es herrscht allerdings eine große Undurchsichtigkeit, und es gibt unsichtbare, geheime Kommunikationsnetze, die nahezu unabhängig voneinander bestehen. Selbst die mächtigsten Politiker und die größten Finanzkapitäne der Welt wissen keineswegs alles, tun aber doch so, als bestimmten sie das Schicksal einer Welt, von der sie zu großen Teilen gar keine Kenntnis haben. Niemals waren Informationen in dieser Dichte und in diesem Überfluß vorhanden wie heute – und niemals zuvor wußten die Menschen so wenig über das, was sie umgibt und was ihr Leben prägt. Es ist noch gar nicht so lange her, daß jeder in seinem eigenen begrenzten Lebenskreis nahezu alles über Bündnisse und Machtbeziehungen wußte, er kannte alle wichtigen guten und schlechten Neuigkeiten. In jener Zeit der Uninformiertheit und der Ignoranz wußte das Volk immerhin, wer der Herr und wer der Herr des Herren war. Auch heute noch weiß der Wähler in der Gemeinde sehr wohl, was die gewählten Vertreter taugen, welche Hintergedanken sie hegen und welche Geschäfte sie machen. Die Welt der Wirtschaft dagegen ist ihm schleierhaft. Ein Nebel von Überinformation legt sich über die sozialen Fragen. Die Undurchschaubarkeit der wirtschaftlichen Prozesse und ihre hohe Komplexität führen dazu, daß sich jeder als Teil eines Puzzles fühlt, von dem niemand weiß, was es schließlich darstellen soll. Die herrschende Theorie lebt von der Fiktion, daß jeder Akteur im Wirtschaftsleben perfekt informiert ist, daß also vollständige »Transparenz« herrsche. In Wirklichkeit aber ist für die meisten Menschen die Undurchschaubarkeit des Marktgeschehens die Regel – und zugleich eine wesentliche Voraussetzung dafür, daß die Menschen überhaupt noch ihren Teil zur Produktions- und Handelsmaschinerie beitragen.

> **Die herrschende Theorie lebt von der Fiktion, daß jeder Akteur im Wirtschaftsleben perfekt informiert ist, daß also vollständige »Transparenz« herrsche.**

Die wirtschaftliche Logik, welche die Welt regiert, beschreibt also einen Kreis. Das Seltene, Exklusive als Quelle des Profits schafft Wettbewerb, und die Fortdauer dieser offenen Konkurrenz schafft wiederum Mangelsituationen, und das heißt: Gelegenheiten zum Profit. Mit der Elektronik, die neue Dienstleistungen und neuartige Informationsfluten in Hülle und Fülle hervorbringt, hat die Konkurrenzgesellschaft ihren Daseinsgrund, ihre Existenzberechtigung und zugleich die Möglichkeit ihrer Entfaltung gefunden. Das Wachstum von früher hob das Lebensniveau eines Teils der Bevölkerung, und dabei handelte es sich tatsächlich noch um einen Kampf gegen Mangel und Not. Heute aber muß die Ökonomie den Mangel und das Seltene immer wieder neu schaffen. Und die Form, in der der Fiktion vom kostbaren, seltenen Gut nachgejagt wird, ist die Konkurrenz, die neuerdings eng verknüpft ist mit der angeblichen Kommunikationsgesellschaft.

Die spektakulärste Folge der krisenhaften 70er Jahre ist die enorme Wertschätzung, deren sich die Finanzmärkte neuerdings erfreuen. Zunächst wegen des hohen Zinsniveaus, dann wegen der traumhaften Gewinnmargen im Aktien- und Spekulationsgeschäft sind nicht nur die Vermögensunterschiede weiter gewachsen; zugleich hat sich auch das zwischenzeitlich schlechte Image der Finanzberufe verflüchtigt. Eltern raten ihren Kindern heute, auf keinen Fall Lehrer zu werden, gerade so, als handele es sich um einen Beruf ohne Zukunft. Auch die übrigen Staatsdiener gelten wenig, mit Ausnahme der hohen Beamten, von denen man annimmt, daß sie an den Fäden der Macht ziehen können. Selbst für Forscher und Gelehrte hat man nur ein herablassendes Lächeln übrig, es sei denn, sie treten im Fernsehen auf. Die Leute vom Showbusineß und die Finanzwelt dagegen sind obenauf: Journalisten und Animateure, Fernsehintellektuelle und Politiker, vor allem aber Banker, Börsianer und Großindustrielle. Selbst Unternehmensberater, Künstler, Photographen und Werbefachleute sind,

wenn auch in geringeren Graden, geschätzte oder
wenigstens respektierte Leute.

Geht man die Liste der »Verlierer« und »Gewinner« durch, dann stellt man schnell fest, daß nicht,
wie oft behauptet wird, der Unternehmer und das
Unternehmertum schlechthin wieder zu Ehren
gekommen und an die Spitze der sozialen Wertehierarchie aufgerückt sind. Ein Herstellungsinge-
nieur oder ein Fabrikdirektor gelten auch nicht viel
mehr als etwa ein Veterinär. Was die Vorstellungswelt der Menschen wirklich beherrscht, sind die
Wettbewerbsberufe: Hochleistungssportler, Popsänger, Filmstars, Bankiers
und Unternehmensvorstände, Fernseh-
moderatoren, Bestsellerautoren und
schließlich Politiker. Alle sind, mehr
oder weniger stark, Konkurrenzmecha-
nismen wie Einschaltquoten, Umfra-
gen, Bestsellerlisten, Tabellen oder sonstigen Meßinstrumenten der Populari-
tät unterworfen. Wert und Rangfolge
bestimmen sich nach dem Profit, der
»eingespielt« wird. Verkaufszahlen geben heute das
Maß der Wertschätzung vor. Auf die Branche
kommt es dabei nicht so sehr an, wenn nur ein Nim-
bus von erfolgreicher Konkurrenz verbreitet wird.

Der amerikanische Wirtschaftswissenschaftler und
Soziologe Thorstein Veblen bemerkte bereits gegen
Ende des neunzehnten Jahrhunderts, daß die Wettbewerbsberufe in den liberalen Gesellschaften in be-
sonderer Weise bevorzugt seien. Die Finanzberufe in
all ihren Spielarten und die Juristen erfreuten sich
dabei der höchsten Wertschätzung: »Die Juristerei

**Was die Vorstellungs-
welt der Menschen
wirklich beherrscht,
sind die Wett-
bewerbsberufe: Hoch-
leistungssportler,
Popsänger, Filmstars,
Banker, Bestseller
autoren und
schließlich Politiker.**

hat nichts direkt mit großen Vermögen zu tun; die Tatsache aber, daß der Jurist vor allem im Dienst des Wettbewerbs seine Nützlichkeit erweist, sichert ihm im herrschenden System eine hervorragende Stellung.«

Der Wettbewerb wird zu einer Lebensart. Kompetenz und Konkurrenz gehören in der Wahrnehmung bereits zusammen.

Für leitende Angestellte, die weiter nach oben kommen wollen, wird es immer wichtiger, in ihren Bewerbungsunterlagen die Zahl der ihnen unterstellten Mitarbeiter oder die von ihnen erzielten Umsatzsteigerungen genau aufzuführen. Ihr Werdegang reduziert sich auf einige gewonnene oder verlorene Punkte Marktanteil im Handelswettbewerb. Die Menschen, die sich nicht in dieses Konkurrenzsystem integrieren, haben es schwer, anerkannt zu werden, selbst von ihren Angehörigen. Wer sich verweigert, gilt als faul oder inkompetent. Was soll ein Mensch wert sein, der sich nicht in irgendeiner Weise nach den Maßstäben des Wettbewerbs und des Marktes klassifizieren läßt? Selbst die humanitären Hilfsorganisationen machen mit Hilfe bestellter Reportagen und mit riesigen Plakat-Aktionen auf die Zahl der Opfer aufmerksam, die sie gerettet haben. Nahezu sämtliche Bereiche des gesellschaftlichen Lebens werden auf diese Weise vom Gedanken der Konkurrenz beherrscht. Der Wettbewerb wird zu einer Lebensart. Kompetenz und Konkurrenz gehören in der Wahrnehmung bereits zusammen. Nicht zufällig heißt im Spanischen Konkurrenz im Sinn des geschäftlichen Wettbewerbs *competencia*, was gleichzeitig auch »Kompetenz/Fähigkeit« bedeutet. Kompetenz und Konkurrenz sind zu Synonymen geworden ...

2. Das herrschende Modell

Mit der Wirtschaft verhält es sich wie mit dem
Fernsehen: Beide präsentieren sich gerne als neutral und wertfrei agierende Institutionen. Trotzdem wissen oder ahnen wir, daß die Flut der Bilder
die eigene Phantasie und unser Bild von der Wirklichkeit beeinflußt. Denn die Welt, die das Fernsehen zeigt, ist natürlich in erster Linie eine Fernseh-
welt. Entsprechend gilt: Indem die Ökonomie sich
als Modell und Bild der sozialen Wirklichkeit präsentiert, sorgt sie für eine rein ökonomische Sicht
des Sozialen und formt damit das Soziale selbst
nach ihrem Bild – zumindest in dem Maß, in dem
sich diese Sichtweise als gültige durchzusetzen vermag. Die Welt wird nicht mehr benannt, sondern
beziffert. Sie zu *entziffern* ist aber fast unmöglich
geworden, weil die Worte fehlen. So wie das Fern-
sehbild die Welt ausschließlich als eine sichtbare
präsentiert, in der es kein Geheimnis geben kann,
kennt auch die Ökonomie keine Welt jenseits ihrer
eigenen. Sie hat das letzte Wort, weil sie schon das
erste hat; sie spricht uns unsere Wünsche und Bedürfnisse vor und verfügt über die Mittel, sie zu erfüllen. Das ist der Grund, aus dem die Gesellschaft
sich den Imperativen des Ökonomismus beugt, aus
dem sie Soll und Haben einen Altar errichtet. Fernsehen und Ökonomie sind die beiden Institutionen,
die den Sinn und den Wert von Personen und Dingen in der Welt bestimmen.

Woraus aber besteht diese Welt? Show und Spektakel, schrieb Guy Debord 1978, sind der böse Traum der modernen Gesellschaft, der nichts anderes verrät als den Wunsch zu schlafen. Das Spektakel sei, so Debord, der Hüter dieses Schlafes. Als der Theoretiker der Situationisten dies vor zwei Jahrzehnten schrieb, konnte er nicht ahnen, daß man die Individuen nicht lange in ihren künstlichen Konsum- und Tele-Traumwelten dahindämmern lassen würde. Da das Showgewerbe sich heute in immer neue Überbietungen flüchten muß und die Illusionen der Warenwelt ihren Ersatzcharakter nicht mehr verbergen können, braucht die Gesellschaft wieder etwas Reelles oder wenigstens einen Realitätseffekt. Mit dem Konkurrenz-Gedanken wird er erzielt.

Die Gesellschaft braucht einen Realitätseffekt. Mit dem Konkurrenz-Gedanken wird er erzielt.

Da die bloße Ware in den Augen der Gesellschaft kein besonderes Prestige und häufig auch keine besondere Anziehungskraft mehr besitzt, müssen alle möglichen Feste, von Weihnachten bis zum Muttertag, immer neue Sonderangebote und der ganze Einfallsreichtum der Werbeleute eingespannt werden, damit die Produkte überhaupt noch verkauft werden können. Und seit das Showgewerbe zur weltweiten Industrie geworden ist, die keine Pause kennt, leidet es unter Auszehrung und verliert einen Teil seiner Faszinationskraft. Die Fernsehleute sehen sich deshalb gezwungen, immer neue Programmstrukturen in immer schnelleren Rhythmen zu präsentieren, um überhaupt noch die Aufmerksamkeit der trägen Zapper zu erregen.

Diese Welten erzeugen Mattigkeit und Überdruß. Beidem begegnet man mit der belebenden Rede vom Wettbewerb. Die Konkurrenz ist jener Wirklichkeit gewordene Realitätseffekt, der all die Energien absorbieren soll, die noch nicht durch die Verbraucherwelt domestiziert sind. Gleichzeitig sorgt die Konkurrenz jedoch dafür, daß sich an der allgemeinen Passivität nichts ändert. Man ist ja bei all den wirtschaftlichen Sorgen, die durch verschärfte Konkurrenz entstanden sind, und dem ganzen Elend froh, wenn man sich ein bißchen zerstreuen darf. So kann die vom Alptraum des Wettbewerbs kurz aufgeschreckte Gesellschaft zugleich aufs schönste weiterdämmern.

Die organisierte Lüge ist die Wahrheit des Wettbewerbs.

Die Hüter dieses krampfartigen Schlafs müssen indessen rastlos tätig sein, denn das Showgewerbe selbst unterliegt einer gnadenlosen Konkurrenz: Dutzende von Fernsehsendern liefern sich eine erbarmungslose Schlacht – erbarmungslos vor allem gegenüber dem Zuschauer, der eine Unzahl von Werbespots und Serien schlucken soll. Häufig zwingt diese Konkurrenz um das größte Spektakel in glatter Umkehrung der Dinge der Gesellschaft ein permanentes Konkurrenz-Spektakel auf: Sportveranstaltungen ohne Ende, an den Haaren herbeigezogene Debatten, Talkshows, in denen rivalisierende Eitelkeiten aufeinandertreffen, eine zum Teil inszenatorische Kriegsberichterstattung, nicht zu vergessen die täglichen Gewinnspiele und all die Glücksspiralen, in denen sich die Essenz der Konkurrenzgesellschaft abbildet. In diesen Sendungen stellt sich die organisierte Lüge als Wahrheit des

Wettbewerbs dar. Zugleich aber ist diese geschickt geführte Konkurrenz der Augenblick der Wahrheit für die Wirtschaft ebenso wie für das Fernsehen. Während drei oder vier sogenannte Vollprogramme gegeneinander um die Aufmerksamkeit der Zuschauer kämpfen, kann es sich nicht einmal das quotenschwächste Programm wirklich leisten, auf den Unterschied zu setzen und entsprechend alternative Sendungen anzubieten. Man würde einen Großteil der Zuschauer verlieren, ohne in nennenswerter Zahl neue zu gewinnen. Auch die derzeit zahlreich entstehenden Spartenprogramme werden daran wohl kaum etwas ändern, denn sie wenden sich alle mit denselben rhetorischen Techniken und im selben Ton an die Zuschauer. Es findet also ein unvermeidbarer Wettlauf mit denselben lächerlichen Methoden um dieselben Sendezeiten statt – wobei man kaum eine andere Möglichkeit hat, als sich gegenseitig zu imitieren.

Die Konkurrenz hat das Ziel und den Effekt, daß jeder und jedes möglichst mittelmäßig und einförmig wird.

Was für das Fernsehen gilt, trifft auch für die Waren zu und für die Menschen, die durch sie ihren Lebensunterhalt verdienen: Die Konkurrenz hat das Ziel und den Effekt, daß jeder und jedes möglichst mittelmäßig und einförmig wird. Es ist für ein Individuum fast ebenso schwierig wie für ein Produkt, ganz einfach anders zu sein.

Für die allmählich sich ausbreitende Eintönigkeit und Gleichartigkeit ist niemand im besonderen verantwortlich. Was hier läuft, ist ein Motor ohne Maschinisten. Wenn man fragen würde, warum dieser oder jener sich so und nicht anders verhält,

warum er eine derartige Zeitung oder einen solchen Film herausbringt, warum er etwa Produkte
auf den Markt bringt, die die Umwelt
schädigen, dann würde man immer die- **Was hier läuft, ist**
selbe Antwort erhalten: Man sei nicht **ein Motor ohne**
der erste, sondern dieser und jener ha- **Maschinisten.**
ben das auch schon so gemacht. Viel-
leicht erhielte man auch die Auskunft, daß jemand
lediglich produziere, was sonst andere herstellen
würden, da es eine Nachfrage und einen »Markt«
für ein solches Produkt gebe.

Das Leben mit seinen eigenen Phasen und Rhythmen ist heutzutage bis zur Ununterscheidbarkeit
durchtränkt von Konkurrenz; das gilt für alle Bereiche des gesellschaftlichen Lebens, für die Wissenschaft ebenso wie für die Kunst. Wir werden
durch den Wettbewerb, der uns aufzehrt, gedacht,
und genau deshalb tun wir uns so schwer, diesen
Wettbewerb zu durchdenken.

Natürlich ist es nicht neu, daß die Gesellschaft den
Prinzipien der Wirtschaft unterliegt. Man braucht
bloß Aristoteles oder Helvetius zu lesen, die lange
vor Marx schon die Gefahren erfaßt haben, die
entstehen, wenn sich eine ganze Gesellschaft dem
Gewinnstreben hingibt. Der Unterschied zu frühe-
ren Gesellschaften besteht in der Intensität und
Totalität, mit der sich ein Denken durchgesetzt hat,
das der Idee der Gesellschaft widerspricht, indem
es das Miteinander in ein Gegeneinander umdefiniert.

Das Konkurrieren, das einst eher den Kaufleuten
überlassen war oder noch früher eine Übung des
Adels war, stellt sich nunmehr als die gängige Form

des sozialen Verkehrs und der gesellschaftlichen Zuordnung dar. Mehr noch: Die Konkurrenz gibt sich als Lebensethik aus. Durch eine unerwartete Kehrtwendung gilt das Gegeneinander als geradezu gesund. Alles was sich nicht im Gegeneinander darstellen läßt, was nicht dem Ellenbogenprinzip gehorcht, umgibt ein Geruch des Versagens oder der Morbidität. Was das Individuum geformt hat, Vergangenheit, Sprache, Vorfahren, alles das zählt nicht: es zählt nur, daß einer im allgemeinen Wettbewerb seinen Platz findet und behauptet.

Die Konkurrenz gibt sich als Lebensethik aus. Durch eine unerwartete Kehrtwendung gilt das Gegeneinander als geradezu gesund.

Auf den ersten Blick erscheint der damit verbundene Druck leicht, da jeder glaubt, von seinem Instinkt für Rivalitäten sicher geleitet zu werden. Diese Dauerkonkurrenz aber verändert den einzelnen nach und nach; diese Verwandlung beginnt bei seiner Sprache und umfaßt schließlich die gesamte Weltauffassung. Was also im Individuum durch die allgemeine Fixierung auf die Show- und Warenwelt noch nicht zerstört ist, wird nun geformt durch die Erfordernisse der Konkurrenz und des Wettbewerbs. Der einzelne hat kaum eine andere Möglichkeit, als die Logik der Konkurrenz zu verinnerlichen, wenn er »Karriere machen« will, wie man heute allenthalben sagt, oder wenn er auch nur »seinen Weg machen« möchte. Ein Künstler kann zwar immerhin noch sein Ich gegen diese Zwänge setzen, aber eben dieses emphatisierte Ego ist bereits wieder zur Hauptware des Künstlers geworden. Um Erfolg zu haben, muß der Künstler die Geheimnisse des Kunstmarkts kennen, er muß wis-

sen, wer ihm auf diesem Markt der vielen Egos
nützlich und wer ihm gefährlich sein kann.
Die meisten Menschen, gleichgültig, ob Führungskräfte, hohe Beamte oder einfache Angestellte,
sind nicht bloß bestimmt durch die Welt, in der sie
leben, sondern auch durch die Ideen, die diese Welt
bestimmen. Diese doppelseitige Festlegung traf
einst auf die gläubigen Anhänger des real existierenden Sozialismus zu und gilt vielleicht noch mehr
für die Ideologie der Konkurrenz, weil sie alle Lebensbereiche und Gesellschaftsschichten in ihrer
Totalität erfaßt. In den Forschungszentren wie in
den Büros dienen die Archetypen der allseitigen
Rivalität zugleich als Bezugspunkte und als Para-
meter jeder Analyse. Wenn Arbeiter und Angestellte aufgefordert werden, sich »einzubringen« und
zu »kooperieren«, dann sollen sie die Markt- und
Wettbewerbssorgen der Unternehmensführung teilen. Man verlangt von ihnen, daß sie das Grund-
problem des internationalen Wettbewerbs verstehen, daß sie Verständnis für eine größere
betriebsinterne Mobilität haben und der Flexi-
bilisierung der Arbeitszeiten zustimmen. Und im
besten Fall fragt man sie sogar um ihre Meinung:
dann werden sie gebeten, zur Optimierung der
Produkte, des Herstellungsprozesses oder der allgemeinen Organisation beizutragen. So sieht das
neue Unternehmen, das Unternehmen der Zukunft
aus, meinen Experten. Dieses neue Unternehmen
unterscheidet sich radikal von den Fließbandfabri-
ken, in denen es keinerlei Kommunikation zwischen den oberen und den unteren Ebenen der
Hierachie gab. Die Tücken der »neuen Unterneh-

men« werden die Angestellten allerdings auch recht bald kennenlernen. Da nämlich das Unternehmen auf allen Ebenen den Konkurrenzkampf etabliert hat, wird die quantifizierbare Leistung mehr noch als bisher zum Bewertungsmaßstab. Dieses Unternehmen opfert dem Überleben alles, es verlagert seine Produktionsstätten ebenso wie seine EDV-Abteilung und nimmt es hin, daß das Personal arbeitslos wird. Der internationale Wettbewerb erfordert paradoxerweise einerseits das volle Engagement der Mitarbeiter und andererseits ihre Entlassung.

Der internationale Wettbewerb erfordert paradoxerweise einerseits das volle Engagement der Mitarbeiter und andererseits ihre Entlassung.

Am Ende des zwanzigsten Jahrhunderts hat der Arbeiter wie der Angestellte verstanden, daß von seiner kleinen Tätigkeit – und mehr noch von seiner begeisterten Teilnahme am Produktionsprozeß – das Schicksal der gewaltigen Organisation abhängt, die ihn beschäftigt – und die ihn abschieben wird, wenn sich kein Erfolg einstellt. Angesichts der internationalen Konkurrenz sind Arbeiter und Angestellte gehalten, die wirtschaftlichen Belange des Unternehmens zu verinnerlichen und sich verantwortlich zu zeigen für etwas, das ohne sie geschaffen wurde. Jeweils unverzüglich hat der Angestellte auf die Befehle des Marktes zu reagieren und muß versuchen, auch die kleinste Störung zu verhindern. Der Produktionsablauf fordert neuerdings nicht mehr nur seine Arbeitskraft, sondern auch sein inneres Engagement. Dank der elektronischen Datenverarbeitung sind die Beschäftigten dem Anpassungsdruck auch wesentlich direkter und stärker als früher ausgesetzt. Dies ist der hohe Preis für einen Zugewinn an Flexibilität und Autonomie, der auch den Beschäftigten zugute kommen kann. Was die Führungskräfte und Unternehmensberater aller Art angeht, die auf inneren und äußeren Umlaufbahnen die Unternehmen umkreisen, so zwingt sie der Markt – nicht zuletzt ihr eigener, überfüllter Stellenmarkt – zu einer permanenten, aber gezügelten Aggressivität. Eine Aggressivität, deren Grenzen von der Jahresbilanz gezogen werden. Für diese Gruppe der Führungskräfte und Berater geht es darum, ganz nach oben zu kommen – koste es, was es wolle. Kein Wunder, daß der Rhythmus der Arbeit in den Büros wie in den Fabriken heute vollständig bestimmt wird von den Zuckungen der Konkurrenz. Das alles geschieht in einer weltweiten »Echtzeit«, die alles andere als die Zeit der Menschen ist. Die hektischen Bemühungen, die durch bald aufflackernde, bald abflauende nervöse Krisen gekennzeichnet sind, verleihen den Unternehmen einen epileptischen Anschein. Die Aufmerksamkeit ist vollständig in Anspruch genommen von dem, was die anderen Beschäftigten und Unternehmen tun und sagen. Eine ganze Gesellschaft lebt so mit dem Atem des anderen im Nacken, eines anderen, der häufig abstrakt bleibt. Der französische Soziologe Marcel Mauss hat in seinem Essay über die Gabe bemerkt, daß der Mensch über lange Epochen seiner Geschichte kein *homo oeconomicus* gewesen sei. (»Homo oeconomicus« heißt ja das Geschöpf, das durch die Vorlesungssäle der Marktideologen und Volkswirte geistert. Danach sind Gewinnstreben, Egoismus und

Konkurrenzdenken angeblich anthropologische Konstanten, also dem Menschen angeborene und eingebrannte Verhaltensweisen.) Erst der heutige *homo oeconomicus*, so Mauss, sei eine Rechenmaschine, die vor allem berechnet und antizipiert, was der andere, der Konkurrent, der Markt, tut. Die Menschen in der Ellenbogengesellschaft sind Werkzeuge, Instrumente, die nur einen Zweck erfüllen – sie sind eindimensional, weil man ihnen abgewöhnt, was den Menschen sonst noch ausmacht.

Daß man junge Hochschulabsolventen in den Unternehmen zunächst wie die Hühner in Legebatterien zusammenlegt, damit sie »Zahlen schreiben«, wenn sie im Außendienst tätig sind, oder damit sie einander ausstechen, wenn sie eigentlich nur sich selbst zu verkaufen haben, diese Massenselektion und ihre Prinzipien, die schon in der Schule herrschen, empören heute fast niemanden mehr. Ja, eine Menge Leute meinen, daß dieses Training nur gesund sein könne und auf jeden Fall eine gute Lehre. Daß die Unternehmen am Ende dieser Bewerbungskonkurrenz bloß die mit den »besten Resultaten« einstellen, diejenigen, die sich möglichst bis zur Selbstaufgabe mit den Zielen des Unternehmens identifizieren, erstaunt niemanden. Die anderen bleiben nach mehreren Erlebnissen dieser Art enttäuscht und gebrochen zurück. Wenn sie arbeitslos werden, besteht ihr ganzer Lohn darin, daß sie über ihr Versagen nachgrübeln können. Auch die ältere Generation hat resigniert. Sie selbst hat die Auswirkungen der globalen Konkurrenz im fortgeschrittenen Alter erfahren, sie ist müde geworden, stumpf und wie geimpft gegen jede Empörung durch die Wucht von Bildern, mit der ihnen jeden Tag eingehämmert wird, daß überall das große Elend herrscht und Erfolg nur über gewonnene Konkurrenz zu erlangen ist.

Die Logik, nach der die Gesellschaft funktioniert, ist also keineswegs nur eine Produkt- und Verkaufslogik, sondern mehr noch eine Logik des Konkurrenzkampfes. Nach dieser Logik haben sich nicht mehr nur einige wenige zu verhalten, sondern nahezu alle Berufszweige unterliegen ihr jetzt. Jeder hat gegen jeden anzutreten. Der Konkurrenzkampf der Warenwelt prägt nun auch die Beziehungen zwischen den Menschen. Man kann sagen, daß sich der einzelne hauptsächlich durch diese Konkurrenz definiert, als jemand, der mit anderen und letztlich mit sich selbst um die Wette läuft.

Die Wucht der Bilder und das Ende der Empörung.

Man hört allenthalben, daß wir uns im Übergang von einer Ökonomie der Waren zu einer immateriellen Ökonomie befinden, im Übergang von einer Gesellschaft der industriellen Produktion zu einer Dienstleistungsgesellschaft. Von welchen »Dienstleistungen« ist da eigentlich die Rede? In Wirklichkeit sind diese neuen Dienstleistungen häufig Verkaufstätigkeiten in Eigenregie. Noch unmittelbarer dem wirtschaftlichen Konkurrenzkampf unterliegen Tätigkeiten im Marketing oder in der Werbebranche. Auch das Geschäft der psychologischen Berater gehört dazu; ihre hauptsächliche Aufgabe besteht darin, Unternehmenschefs wiederaufzubauen, die durch ein immer härteres und feindseligeres geschäftliches Umfeld verunsichert sind.

Sicher sind diese Dienstleistungen nicht »unproduktiv«, wie die klassischen Ökonomen und die Marxisten dachten; aber was sie produzieren, trägt eigentlich nichts zum Wohl der Gesellschaft bei, jenem Wohlbefinden, das nach Meinung des schweizerischen Nationalökonomen Simonde de Sismondi (1773–1842) das Ziel der Ökonomie zu sein hat. Tatsächlich entspricht ein beträchtlicher Teil der neuen Dienstleistungen gar nicht den Bedürfnissen der Gesellschaft. Diese Jobs sind lediglich Nebenprodukte eines immer lebhafteren Konkurrenzkampfes, den sich Unternehmen und Menschen liefern. Es sind freilich Dienstleistungen, die vielen Menschen Arbeit verschaffen. Immer mehr Menschen werden zu intelligenten und einfallsreichen Dienern der Konkurrenz, und durch ihr Auftreten und ihre Sprache stärken sie noch die Herrschaft des Konkurrenzprinzips über die Gesellschaft.

Immer mehr Menschen werden zu intelligenten und einfallsreichen Dienern der Konkurrenz.

Der Ökonom Thorstein Veblen konnte um 1900 noch Produktionsberufe von Finanzberufen unterscheiden. Das Leben derjenigen, die am Produktionsprozeß mit seinen technischen und handwerklichen Aspekten teilnehmen, so Veblen, könne man nicht mit dem Leben derjenigen vergleichen, die mit den finanziellen Aspekten beschäftigt seien. Das Geschäft der Konkurrenz und das Gewinnstreben könne für die Arbeiter und Techniker kaum zur täglichen Gewohnheit werden. Und Veblen prophezeite gleichzeitig, daß die unmittelbar im Konkurrenzkampf Stehenden ein »Gier- und Raffverhalten« entwickeln würden. Da heute weit-

aus mehr Menschen in dauernder, unmittelbarer
Konkurrenz als damals stehen, haben sich auch das
Alltagsleben und das Gesicht der Gesellschaft ent-
sprechend verändert.

In einer Gesellschaft, die durch den Konkurrenzkampf geformt und geleitet wird, gibt es zwischen
Richtig und Falsch keinen Unterschied mehr – unter der Voraussetzung, daß sich beide den Regeln
des Wettbewerbs unterwerfen. Merkwürdigerweise hört sich unter diesen Bedingungen das Richtige und Vernünftige sogar häufig falsch an – und
ist dann am Ende auch das Falsche. Das Spiel von
wahr und unwahr, echt und unecht ist ein Grund-
satz, dem jene Propaganda gehorcht, die man
in »Werbung« und »Öffentlichkeitsarbeit« umge-
tauft hat. Dieses Spiel ist die eigentliche und größte Nervenbelastung der Gegenwart. Das geglück-
te Leben ist heute eine Summe richtigen Kaufens
und Verkaufens. Aldous Huxley hat dies bereits in
den dreißiger Jahren erkannt, als er meinte, mit
der Demokratie blühe auch die Kunst auf, wir-
kungsvolle Werbeannoncen zu verfassen. Die
großen Industriekapitäne und Handelsmagnaten
begriffen damals, daß sie ihre Produkte am besten
verkaufen konnten, wenn sie sich sozusagen von
Mensch zu Mensch und in aller Ehrlichkeit an
die Kunden wandten. Übertreibungen brachten
nichts, und selbst der Scharlatanismus war darauf
angewiesen, sich den Anstrich der Seriosität und
der Aufrichtigkeit zu geben. Was in den dreißiger
Jahren nur für die Reklame galt, wird heute angewandt auf die Produkte selbst, auf ihre Ver-
packung – und auf die Leute, die die Produkte

verkaufen. So ist die Aufrichtigkeit immer auch Teil einer Lüge. Es ist sicher kein Zufall, daß ununterbrochen von »Authentizität« die Rede ist in einer Welt, die kaum noch eine Ahnung davon hat, was das Wort wirklich bedeutet.

Alle reden von »Authentizität«, und niemand weiß, was das Wort wirklich bedeutet.

Daß die herrschenden Ideen der Gegenwart mehr oder weniger die Ideen der herrschenden Klasse sind, ist bedauerlicherweise nach wie vor wahr. Die Ideologie der Konkurrenz und des Liberalismus markieren die Begrenzungslinien einer Gesellschaft, die sich als intolerant gegenüber allem erweist, was außerhalb des Konkurrenzkampfs steht. Dies verdankt sich einer Klasse von Menschen, deren einziges geistiges Gepäck in den Kampferfahrungen liegt, die sie auf ihrem Weg an die Spitze der Gesellschaft gesammelt haben. Diejenigen, welche die Gesellschaft beherrschen, haben keine anderen Werte zu vermitteln als solche, die sie während einer Laufbahn voller aggressiver Selbstverleugnung, pseudokriegerischer Tricks und vermeintlicher Gewaltstreiche gewonnen haben. Jede Ideologie versucht allerdings, ihre Entstehungsbedingungen unsichtbar werden zu lassen, und auch die Ökonomie der Konkurrenz macht hier keine Ausnahme. Sie stellt sich als ein Regelsystem dar, das allen die gleichen Chancen gewährt, läßt aber unter den Tisch fallen, was sie hat entstehen lassen, was sie fördert und verbreitet: ein reines Machtsystem ohne bestimmtes Ziel. Die Ideologie der Konkurrenz ist die Großidee einer herrschenden Klasse ohne Ideen, die geistige Null-Grad-Grenze. Die liberale Ideologie beruft sich zwar regelmäßig auf die »Ethik«, kaschiert damit aber nach Ansicht des Philosophen Alain Badiou nur ihre theoretischen Schwächen und ihren intellektuellen Nihilismus.

Die Ideologie der Konkurrenz ist die Großidee einer herrschenden Klasse ohne Ideen, die geistige Null-Grad-Grenze.

Natürlich hatten die Eliten zu allen Zeiten eine hohe Meinung von sich selbst und versuchten, ihre Stellung zu behaupten. Früher hatten sie allerdings Prinzipien und Ideale, die sie, angefangen beim eigenen Sohn, weiterzugeben suchten. Oder sie ließen sich durch den Wunsch leiten, eine glänzendere Zivilisation als ihre Väter aufzubauen. All diese Vorstellungen und Ziele, denen man schließlich das Schlimmste ebenso wie das Beste zu verdanken hatte, sind verschwunden. Die heutige Elite will einzig ihr Vergnügen, ohne sich im geringsten darum zu kümmern, wie die Welt von morgen aussehen soll und wird. Auch deshalb ist die Idee des humanitären Fortschritts verschwunden. Übriggeblieben ist nur der Refrain von der ökonomischen Freiheit und von der harmonischen Gesellschaft, die sie schaffen soll.

Man hat sich noch nicht recht klargemacht, in welchem Maße der Liberalismus den Regierenden zum Vorwand dient, sich jeder Verantwortung zu entziehen.

Man hat sich noch nicht recht klargemacht, in welchem Maße der Liberalismus den Regierenden zum Vorwand dient, sich jeder Verantwortung zu entziehen. Und mehr noch als die Politiker sagen die Unternehmer, die doch die Gesellschaft am stärksten beeinflussen, daß sie zwar verantwortlich sind, aber nicht schuldig sein können. Selbstverständlich verstehen sie sich als Verantwortliche ihrer Unternehmen – aber ihre Verantwortung für den sozialen Niedergang anzuerkennen weigern sie sich. Ihre Unschuld ergibt sich in ihren Augen automatisch aus den Zwängen des internationalen Konkurrenzkampfes. Sie handeln so, wie sie handeln, weil sie angeblich nicht anders können. Die »gesellschaftliche Verantwortung des Unternehmers« ist zur leeren Worthülse verkommen.

Diejenigen, die den Konkurrenzkampf und den Wettbewerb als Wohltat rühmen, suchen sich im übrigen so gut wie möglich vor dieser Wohltat zu schützen – indem sie sich unkündbare Posten im Staatsdienst verschaffen oder indem sie Seilschaften bilden, in denen jeder dem anderen verpflichtet ist: Sicherheitsnetze, die entweder einen schönen Posten garantieren oder aber, wenn die Dinge nicht so laufen wie geplant, eine bequeme Auffangposition. Aus den gepolsterten Vorstandsbüros von Aktiengesellschaften und Unternehmerverbänden lassen sich die Vorteile eines Spiels, dem man selbst, zumindest vorläufig, entkommen ist, natürlich ebenso trefflich rühmen wie vom Professorenkatheder einer Universität, vom Chefredakteursposten einer Tageszeitung oder aus der Zentrale einer mit Staatsgeldern über Wasser gehaltenen »Partei der Besserverdienenden«. Der Krieg ist schön für die, die ihn nicht führen müssen. Für gewöhnlich sieht deshalb der Infanterist die Dinge auch anders als der Militärtheoretiker oder der Historiker.

Der Krieg ist schön für die, die ihn nicht führen müssen.

Da die Gesellschaft durch die Informationsrevolution extrem komplex geworden ist, drängt sich die

Logik der Konkurrenz und des Handels als Selbst-
verständlichkeit auf oder erscheint doch wenigstens als das geringere Übel. Der Wettbewerb, so
heißt es, verhindere in diesem »cybernetischen« sozialen Raum noch größere Gewalttätigkeit, als sie
ohnehin schon herrsche. So richtet sich
die Gesellschaft in einer Haltung des **Rette sich, wer kann!**
Rette-sich-wer-Kann ein, die nichts an-
deres ist als Gehorsam gegenüber einer diffusen,
selbstgenügsamen Ordnung. Groß ist die Unsicherheit darüber, was Mittel und was Zweck ist. Und
man muß schon reichlich naiv sein, will man mit
Raymond Quenau annehmen, daß das Ziel sozialen Wandels tatsächlich noch das Glück der Individuen sei – und nicht die Erfüllung ökonomischer
Gesetzmäßigkeiten. Das Mittel (die freie Wirtschaft) wird zum Ziel, dem sich alle anderen Ziele
unterzuordnen haben.

Die Konkurrenz ist zum Motor einer sinnlosen Geschichte geworden, eines »subjektlosen Prozesses«, wie der Philosoph Althusser gesagt hätte. Ein
Prozeß, in dem das Individuum nicht viel gilt. Und
wenn der Mensch sich einbringen will, verschärft
er die Misere nur noch: Er erhöht das Tempo, in
dem die Waren zu Objekten der Täuschung werden. Die Konkurrenz ist deshalb eine Projektion
ohne Projekt. Durch sie ist es immer schon morgen, ohne daß es jemand merkt.

Da der Wettbewerb überall lebhaft ist und es
schwierig ist, seinen Platz zu finden, muß man cle-
ver und engagiert sein, um Fuß zu fassen. Wer »gewinnen« will, muß sich Nischen suchen und sich
alles vornehmen: das Intimleben der Leute ebenso

wie ihre Freizeitgestaltung, ihre Hobbys und ihre
geheimen Wünsche. Eine Marktlücke zu finden,
wie die Marketing-Berater sagen, heißt zunächst
einmal, daß man das Leben seiner Mitmenschen
durch neue Botschaften, Zeichen und Waren
durcheinanderbringt. Auf diese Weise werden häufig »Güter« erfunden und produziert, die sich dann
im nachhinein als schädlich herausstellen und Umwelt und Gesellschaft belasten.

Sicher, der »Markt« und die freie Konkurrenz haben Barrieren niedergerissen und traditionelle
Hierarchien aufgebrochen. Zweifellos aus diesem
Grund machen manche geltend, daß Aufklärung
und wirtschaftlicher Liberalismus zusammenge-
hören. Das trifft aber immer weniger zu. Denn der
Wirtschaftsliberalismus hat zwar alte Glaubenssät-
ze und allerlei Aberglauben zerstört, an ihre Stelle
aber neue Dogmen gesetzt – im gleichen Maß übrigens, wie er neuartige und immer subtilere Hierarchien produziert. Die liberalisierte Welt ähnelt dem
System des Feudalismus, in dem jeder Grundherr
der Vasall eines anderen ist. Über ihnen
finden sich dann Grafen und Barone,

Die neuen Barone.

die über eine Ordnung herrschen, an
deren Dauerhaftigkeit sie sehr zu Unrecht glauben.
In die moderne Welt übersetzt, bedeutet dies, daß
Unternehmer oder Besitzer von Produktionseinheiten den Finanzmagnaten und Präsidenten großer
Unternehmensgruppen unterstehen, die über das
ganze Gefüge wachen. In dieser Welt marschieren
Netzwerke und Lobbyisten gegeneinander auf, um
sich im Konkurrenzkampf gegenseitig zu zerflei-
schen. Im neuen Feudalsystem spielt nämlich die

Ehre kaum mehr eine Rolle: Es kommt selten zu Ritterschlägen, und Treue ist keine Kategorie mehr.

Das große Kunststück des Wirtschaftsliberalismus ist das Versprechen, dem einzelnen durch den wirtschaftlichen Wettbewerb Freiheit zu schenken. Denn tatsächlich bietet er dieser Freiheit nur einen Weg an: man hat sich blindlings zu engagieren, man soll in den Konkurrenzkampf einsteigen und sich einen Gegner suchen. Man muß unternehmen, um nicht ausgenommen zu werden. Wer abseits steht, ist nichts wert. Frank Knight bemerkte in den zwanziger Jahren unseres Jahrhunderts, daß es keinen größeren Irrtum gebe als die Verwechslung von Freiheit und freiem Wettbewerb. Dieser brillante Ökonom wurde von seinen Förderern und Schülern konsequenterweise bald als Moralapostel abgetan.

Es gibt keinen größeren Irrtum als die Verwechslung von Freiheit und freiem Wettbewerb.

Welche Freiheit verdanken wir also der Konkurrenzgesellschaft? Nach Pierre Bourdieu unterliegen vor allem die gesellschaftlichen Rand- und Unterschichten wie zum Beispiel die Einwanderer einer Antinomie der Knechtschaft: Sie sehen sich vor die Wahl gestellt, sich entweder als Handlager zu integrieren und auf jede eigene Kultur zu verzichten oder aber zu revoltieren und noch stärker sozial ausgegrenzt zu werden. Je reicher eine Gesellschaft ist – und die westlichen Gesellschaften sind zweifellos reich, trotz des gezüchteten Elends – desto höher ist der Preis, den bezahlt, wer an ihr teilhaben will. Am Rande einer Gesellschaft, in der die

Lebenshaltungskosten aufgrund des Wettbewerbs ständig steigen, kann man nicht mehr bescheiden, sondern nur noch elend leben: Wer zu spät kommt, für den bleiben nur die Brosamen.

Parallel dazu gibt es eine Antinomie der Konkurrenz, die sämtliche Mitglieder einer Gesellschaft betrifft. Denn entweder akzeptiert eine Gesellschaft die Ordnung des Wirtschaftsliberalismus und wird damit zum Vasallen der herrschenden Ideologie. Oder sie verweigert sich und schließt sich vom Kreislauf aus. Da heute aber keine Gesellschaft völlig autochthon sein kann, würde sie doch dem System unterliegen, freilich ohne wenigstens in den Genuß der Vorzüge des Wirtschaftsliberalismus zu kommen. Gleiches gilt für das Individuum: Entweder es entschließt sich, in den Konkurrenzkampf einzusteigen, im Spiel des Wettbewerbs mitzuspielen, in dem sein Selbst zerstört wird, oder es versucht zu entkommen, kann dann aber nicht mehr mitreden. (Natürlich gibt es, wie in der Welt des Showspektakels, auch in der Konkurrenzgesellschaft die Möglichkeit, durch Ironie Distanz zu wahren. Aber selbst die Ironie ist schon Bestandteil des Spiels geworden, wie die Werbefachleute täglich demonstrieren.)

Selbst die Ironie ist schon Bestandteil des Spiels geworden, wie die Werbefachleute täglich demonstrieren.

Die Freiheit des Wirtschaftsliberalismus ist für jedermann eine Art Einsatz, der täglich aufs Spiel gesetzt werden muß und der vor den anderen in Sicherheit zu bringen ist. Das Gesicht, das der einzelne in diesem Spiel aufzusetzen hat, ist nicht sein eigenes. Es ist vielmehr ein geliehenes Gesicht, das des Konkurrenten. Wenn der Erfinder der modernen olympischen Spiele versicherte, Dabeisein sei alles, so darf man diesen Slogan nicht als Trost für die Verlierer mißverstehen. Es geht vielmehr darum, jeden dazu zu bewegen, sich dem Konkurrenzkampf zu stellen, d. h. am sportlichen Wettbewerb teilzunehmen. Die faschistischen Organisationen in ihrem Sozialdarwinismus machten daraus eine politische Grundlinie: die Konkurrenzgesellschaft als Urmodell der Existenz schlechthin.

Die Logik der Konkurrenz macht aus jedem Anlaß eine Marktsituation und verwandelt in Ware, was zuvor noch ein Gut war.

Keine auch noch so begrenzte, lokale Initiative und keine noch so improvisierte Veranstaltung kann dem Spiel des Wettbewerbs entgehen, zumindest, wenn es um ihre Verstetigung geht. Als ein früherer französischer Kultusminister den guten Einfall hatte, ein jährlich stattfindendes »Fest der Musik« auszurufen, verdammte der Erfolg dieses Fest dazu, zum inszenierten Spektakel zu werden. Alle bedeutenden Plätze sind mittlerweile fest in der Hand von Radiosendern, Fernsehsendern und Plattenfirmen. Sobald ein paar Leute sich entschließen, eine Zeitung für Obdachlose herzustellen, erscheinen bald darauf zwei ähnliche Konkurrenzblätter, und jedes von ihnen greift das andere mit allen Mitteln an. Die Logik der Konkurrenz macht aus jedem Anlaß eine Marktsituation und verwandelt in Ware, was zuvor noch ein Gut war.

Auch die Wissenschaft unterliegt inzwischen der Waren- und Konkurrenzlogik. Die Labors liefern sich ebenso erbarmungslose Schlachten wie die Unternehmen. Desinformation und üble Nachrede gehören heute zum Geschäft – kein Wunder, daß sich in den Fachzeitschriften immer mehr Artikel finden, die auf gefälschten oder zweifelhaften Ergebnissen beruhen. Natürlich gab es auch in der Wissenschaft schon immer persönliche Rivalitäten ebenso wie Freundschaftsbande und Netze, die auf gegenseitiger Wertschätzung beruhen. Niemals zuvor aber war Konkurrenz die Haupttriebkraft der Wissenschaft. Der Mediziner und Nobelpreisträger Carleton Gajdusek sah sich 1994 in Sarajevo zu folgender Mahnung veranlaßt: »Konkurrenz zwischen Wissenschaftlern ist lächerlich: ein Wissenschaftler triumphiert niemals über einen anderen Wissenschaftler. Der einzige Rivale großer Wissenschaft ist die Natur.« Ziel der Forschung sei es, Antworten auf die zahllosen Fragen zu finden, die uns diese Natur aufgibt. Der berühmte Neurologe griff die Medien wegen ihrer Berichterstattung an, in der immer nur von Richtungsstreit und vom Konkurrenzkampf verschiedener Forschungsgruppen die Rede ist. In diesem Fall allerdings erfinden die Medien die Wirklichkeit wohl nicht, wenn sie über die Tricks und Manipulationen berichten, mit denen die Labors zu Geld und Ruhm kommen wollen.

Um der Konkurrenz zu entkommen, muß man mächtig werden. Der deutsche Ökonom Friedrich List stellte bereits 1840 fest, daß ein Krieg sich erübrige, wenn eine Nation sich erst einmal einen wirtschaftlichen Vorsprung verschafft habe. Entsprechend sind auch die großen multinationalen Firmen stets bemüht, den Konkurrenzkampf zu vermeiden. Alle Organisationen verhalten sich gleichsam instinktiv so, daß sie den Monopolgewinn einstreichen können, der freilich immer nur auf begrenzte Zeit zu holen ist. Auch das Individuum in der Konkurrenzgesellschaft, der einzelne Angestellte versucht sich durch irgendein Monopol, und sei es noch so bescheiden, zu schützen. Denn in Wirklichkeit sind nur sehr wenige Menschen für einen permanenten Konkurrenzkampf geschaffen. Die sicheren Posten sind heute aber rar, und jeder muß jederzeit wachsam sein; diese permanente Anstrengung trägt maßgeblich dazu bei, daß Depressionen gerade dort am verbreitetsten sind, wo man es nicht erwarten würde: in der hochmobilen und dynamischen Armee der Manager und Führungskräfte. Die Konkurrenzgesellschaft ist gekennzeichnet durch den Streß, den sie bei ihren treuesten Anhängern erzeugt. Dieser Streß ist zugleich eine Art Droge: Sie meinen, nur im Wahnsinn leben zu können, sagt Jules Renard.

Das Streben nach dem Monopol und nach geschützten Räumen ist selbst Bestandteil des Konkurrenzkampfes. Sie ist sogar sein Ziel. Ob es nun über Innovationen, über den Preis oder über exklusive Vertriebswege geschieht – die Unternehmen versuchen in erster Linie, andere Unternehmen auszustechen und damit den Wettbewerb zu ihren Gunsten zu verzerren. Gleiches gilt für die Individuen. Die verschärfte Konkurrenz führt hier gewissermaßen zur Abschaffung der Konkurrenz, ein Umstand, der schon oft kommentiert wurde.

Die Konkurrenzgesellschaft ist gekennzeichnet durch den Streß, den sie bei ihren treuesten Anhängern erzeugt. Dieser Streß ist zugleich eine Art Droge.

Seltener hat man die Aufmerksamkeit darauf gerichtet, daß es dies ist, was die Konkurrenten eigentlich antreibt: der Traum vom Monopol, von
einer beherrschenden, unangreifbaren Stellung.
Dieser Traum heizt die Konkurrenz wiederum an,
und so verschlimmert sich die Situation genau in
dem Maß, in dem der einzelne ihr ent-

Ohne das Heilige Land kommen will. Ohne das Heilige Land
des Monopols gäbe es des Monopols gäbe es keinen Kreuz-
keinen Konkurrenz- zug. Die Politik der Kartellbehörden
Kreuzzug. und Wettbewerbshüter, die jede Beein-
trächtigung des Wettbewerbs bekämpfen soll, geht
am Kern des Wirtschaftsliberalismus geradewegs
vorbei.

Die Rhetorik allerdings lautet anders: Monopole
führen zum Tod des freien Marktes, wird allenthalben versichert. Wo es keine Gegner und keine Notwendigkeit zum Kämpfen gebe, sei auch kein Fortschritt möglich. Der beste Beweis dafür, setzt man
unter Verweis auf die Evolutionstheorie hinzu, sei
die Natur. Allein aus der Konkurrenz entstehe die
Kraft, sich durchzusetzen und die ausgetretenen
Pfade zu verlassen. Nicht nur die Welt der Wirtschaft sei durch den Konkurrenzkampf geprägt,
sondern die Welt überhaupt. (Kein Wunder, darf
man anmerken, da die Ökonomie die Welt mehr
und mehr unter ihre Gesetze zwingt.) Das alles sei so
offensichtlich, daß sich jede Diskussion erübrige.

Man muß sich das Paradox klarmachen: Die Konkurrenzgesellschaft nutzt eine dem Menschen inne-
wohnende Bereitschaft zur Aggressivität aus und
setzt sie systematisch ein, tut aber gleichzeitig so,
als sei sie selbst das Bollwerk gegen ein Überbor-

den dieser Aggressivität. In Wirklichkeit jedoch
vermag die moderne Gesellschaft, die doch weitgehend durch Machtbeziehungen und
Konkurrenz geformt ist, weniger denn
je die mörderischen Instinkte einzuhe-
gen und abzuschwächen. Der Brutalität
der Ellenbogengesellschaft entspricht
die Gewalttätigkeit derjenigen, die von
der Gesellschaft ausgeschlossen sind.
Und mehr noch: Die sich ausbreitende
Wirtschaftskriminalität ist tatsächlich
die letzte Konsequenz der Ellenbogengesellschaft. Angesichts der Risiken, die
die offene Konkurrenz eines freien

**Die Konkurrenzgesell-
schaft nutzt eine dem
Menschen innewoh-
nende Bereitschaft zur
Aggressivität aus und
setzt sie systematisch
ein, tut aber gleich-
zeitig so, als sei sie
selbst das Bollwerk
gegen ein Überborden
dieser Aggressivität.**

Marktes mit sich bringt, sind alle Arten von erlaubten und unerlaubten Netzwerken und Kartel-
len obenauf. Kereitsu, Mafia oder Multis haben
natürlich ganz unterschiedliche Methoden der Einschüchterung und Überredung, gemeinsam ist ihnen aber, daß sie Macht und irgendeine Art von
Gewalt einsetzen, um sich eine beherrschende Position zu verschaffen – sei es, um Profite zu machen,
sei es, um Gelder zu erpressen.
Francis Fukuyama glaubte unmittelbar nach 1989
noch im Ernst, Hegels Wendung vom »Ende der
Geschichte« auf die bewegte Epoche nach dem Zu-
sammenbruch der Sowjetunion anwenden zu können. Am Ende seines Buches relativierte der Penta-
gon-Berater seine These allerdings dahingehend,
daß der Sieg der »Wirtschaftsdemokratie« ganz
und gar vorläufig sei, denn der menschliche Wille
zur Macht werde neu erwachen, da ihm die Siege
und die Ehre, welche die liberale Marktwirtschaft

zu bieten hätten, nicht genügten. Wo Fukuyama einen Gegensatz sieht zwischen dem befriedeten Kapitalismus und dem Wiedererstehen kriegerischer Leidenschaften, besteht tatsächlich aber ein enger Zusammenhang. Die nationalistischen oder religiös-konfessionell motivierten Gewalttätigkeiten der Gegenwart stehen oft in engem Zusammenhang mit ökonomischen Pressionen und Eroberungsversuchen. In den Bürgerkriegen, sei es in Bosnien oder in Nordirland, führen Menschen aus unterschiedlichen Berufen und unterschiedlichen Einkommensschichten Krieg gegeneinander. Und die Rhetorik der Konkurrenz verschärft bestehende Konflikte. Die metaphorische Rede vom »Überlebenskampf« oder vom »Handelskrieg« kann in solchen Konfliktlagen leicht einen allzu wörtlichen Sinn annehmen.

Die Rhetorik der Konkurrenz verschärft bestehende Konflikte.

Da sich kaum mehr jemand zur Gesellschaftskritik verstehen will, gleichzeitig aber jedermann den »Niedergang der Zivilisation« beklagt, darf man vielleicht vermuten, daß sich alle ein wenig verantwortlich fühlen für den gegenwärtigen Lauf der Dinge. Während man auf eine Zukunft zutreibt, die man sich gar nicht so genau ausmalen möchte, kultiviert man Resignation und Zynismus. Am Ende schafft man eine sich ständig wandelnde Welt, die vor Innovationen birst; der Preis, den man dafür zu zahlen hat, ist hoch. Man lebt mit Widerwillen in dieser Welt. Die unaufhörliche Zunahme psychisch bedingter Krankheiten und der enorme Absatz von Beruhigungsmitteln und Anti-Depressiva aller Art sind Indizien dafür, wie sehr

das Leiden zur gängigen Münze in der Gesellschaft
geworden ist. Indem eine hypostasierte Zukunft
die Gegenwart auf ewig vergessen macht, denken
die Menschen, daß sie gleichzeitig in der besten
und der schlechtesten aller möglichen
Welten leben. Die Wirtschaftskonkurrenz ebenso wie die ihr entsprechende
Demokratie erscheinen als das denkbar
schlechteste System, abgesehen von allen anderen Systemen. Wir haben es mit
einer durchaus paradoxen Anhänglich-
keit an eine Gesellschaft zu tun, die niemandem richtig gefällt.

**Welches ist nun
eigentlich der genaue
Zusammenhang
zwischen Konkurrenz-
kampf und Markt-
wirtschaft einerseits
und Demokratie
andererseits?**

Welches ist nun eigentlich der genaue Zusammenhang zwischen Konkurrenzkampf und Marktwirtschaft einerseits und der – formalen und tatsächlichen – Demokratie andererseits, wie sie in vielen
Ländern der Welt praktiziert wird? Das ist eine un-
angenehme Frage, die selten gestellt wird. Sie wird
nicht gern gestellt, weil dann nicht allein unsere
Art der Demokratie auf dem Prüfstand stünde,
sondern die Marktwirtschaft und ihr Stellenwert
innerhalb dieser Demokratie. Kurz: Man müßte
sich fragen, ob »der Markt« nicht die eigentliche
Macht im Staate bildet. Die Geschichte kennt
selbstverständlich Fälle, in denen die Marktwirtschaft ohne politische Demokratie auskam. Das
späte Franco-Regime zählt dazu; in den letzten
Jahren traten in dieser Hinsicht besonders die sogenannten »Tigerstaaten« Asiens in Erscheinung,
in denen ein »autoritärer Paternalismus« herrscht,
und nicht zu vergessen ist schließlich auch China,
das eine äußerst rigide, autoritäre Politik mit einem

vor lauter Vitalität fast platzenden Markt vor allem in den Küstenstädten verbindet. Auch in den Vereinigten Staaten ist man sich durchaus bewußt, daß der freie Markt und politische Unfreiheit miteinander vereinbar sind – schließlich hat man sich im eigenen »Hinterhof« eben um der Erhaltung der lukrativen Marktwirtschaft willen seit jeher gut mit Militärdiktaturen arrangiert. Die Frage, ob auch das Gegenteil möglich ist, nämlich Demokratie ohne Marktwirtschaft, wie man sie bislang kennt, wird in den kommenden Jahren wahrscheinlich immer dringlicher.

Hinter den Begriffen der Konkurrenz und des Wettbewerbs, die man in letzter Zeit so gern benutzt, verbergen sich verschiedene Strategien. Die Gegner der verknöcherten Institutionen und erstarrten Hierarchien sehen in der Konkurrenz ein Mittel, die Dinge in Bewegung zu bringen und den »aufstrebenden« Schichten wie auch denen, die sonst nichts zu erwarten haben, eines Tages den Himmel auf Erden zu bescheren. Für die Gegner der Gleichmacherei und der kulturellen Nivellierung ist die Rhetorik des Konkurrenzkampfes eine gute Gelegenheit, mit gedämpfter Stimme das Recht des Stärkeren zu unterstreichen. Diese Nietzscheaner der Ökonomie verstecken ihren Machtwillen nur notdürftig hinter liberalen Reden. Schließlich gefällt der Konkurrenzkampf auch den Wirtschaftswissenschaftlern, die hierin eine notwendige, wenn auch nicht hinreichende Bedingung für die Weiterentwicklung von Handel und Produktion sehen. Daß die Produkte oder Dienstleistungen zum Teil überflüssig oder wertlos sind und überdies umweltschädlich, ist für sie nebensächlich, denn, so sagen sie, die Konsumenten wollen und kaufen das. Da also jedermann Ellenbogen und Konkurrenzkampf für eine Tugend hält, nimmt man es hin, daß der materielle Fortschritt zum Preis eines unaufhörlichen Krieges erreicht wird. Das Gesetz des Dschungels als Allgemeines Recht macht aus den Menschen Tiere, die gefährlicher sind als die des Dschungels, weil ihre Feindschaften und Bündnisse wechselhaft sind.

Kann man sich wirklich eine Gesellschaft vorstellen, in der jeder den Konkurrenzgedanken ernst nimmt und jederzeit und mit allen Mitteln seine Chance sucht und nutzt? Schon in den vierziger Jahren unseres Jahrhunderts machte sich ein amerikanischer Ökonom über eine solche Annahme lustig. Natürlich täte ein Bauer gut daran, den Markt genau zu studieren; aber der Bauer, der sich wirklich Wissen über den Markt verschafft hat, wäre zweifellos besser beraten, die Landwirtschaft aufzugeben und Makler zu werden. Allerdings würde eine Nation von Maklern nicht besonders viel Getreide ernten. Eine von allen Bindungen und Verwurzelungen befreite Konkurrenzgesellschaft ist ein ebenso großer Unsinn und eine ebenso gefährliche Utopie wie eine vollständig verwaltete und egalitäre Gesellschaft.

Der Bauer, der Makler und das tägliche Brot.

Es ist im übrigen merkwürdig, wie Unternehmer und Medien den Konkurrenzkampf im selben Atemzug schmähen und beweihräuchern. Mal reden sie von »Krieg«, also von etwas Zerstörerischem, mal von einem Wettbewerb, in dem der Beste gewinnt. Man spricht von einer »gnadenlosen« Konkurrenz oder von unlauterem Wettbewerb, freilich nur, um im selben Moment hervorheben zu können, daß es einen lauteren und gerechten Wettbewerb gibt und eine gesunde Konkurrenz. Der Diskurs der Ideologen wandelt sich dabei, je nachdem, worum es gerade geht. Auf der theoretischen Ebene halten sie eine Litanei über die Vorzüge und Wohltaten der Wettbewerbswirtschaft; wird es etwas konkreter, dann geben sie zum besten, daß man es mit einem lebhaften oder gar verbitterten Konkurrenzkampf zu tun habe, und enthalten sich jeder Wertung; in zugespitzten Situationen, in denen ein am Orte ansässiger Fabrikant zur Zielscheibe härterer oder einfach nur schlauerer Unternehmen wird, reden diese Experten lieber nicht mehr vom Wettbewerb, sondern nur von Krieg und Ellenbogen. So verfluchte man gestern die Japaner, heute die südostasiatischen Industriellen, während man zu Hause fortfährt, das großartige Ellenbogenprinzip zu loben.

Das Paradigma der allgemeinen Konkurrenz gilt im übrigen nicht allein für die Ökonomie, sondern findet sich vielerorts wieder, zuerst und vor allem, wie gesagt, in der Evolutionstheorie. Aber Karl Popper sah beispielsweise auch im Wissenschaftsmarkt einen Wettbewerb der Theorien. Eine Reihe von Psychologen, allen voran Jean Piaget, versichert, daß der Wettkampf die Kinder reifer und selbständiger mache. Selbst einer der prominentesten Kritiker des Ökonomismus, der französische

Soziologe Pierre Bourdieu, hebt in seinem Buch
über das Feld des Literarischen die Rivalitäten hervor, die nach seiner Auffassung der literarischen
Produktivität zugute kommen. An Belegen für die
Allgegenwart und angebliche Fruchtbarkeit des
Konkurrenzgedankens fehlt es also nicht. Die Be-
weisführung wäre allerdings noch überzeugender,
wenn man nicht wüßte, daß sämtliche Theoretiker
der Konkurrenz aus denselben Quellen schöpfen
und einem bestimmten Wirtschaftszeitalter verhaf-
tet sind.

Die Ideologie der Konkurrenz und des Ellenbogens
ist erstmals vor etwa mehr als einem Jahrhundert
aufgetaucht. Eine Archäologie der Konkurrenz
könnte offenlegen, woher die Gemeinplätze und
Modelle stammen, die von einer Wissenschaft zur
nächsten wandern. Die Ökonomie hat sicherlich
eine Pionierrolle in dieser Entwicklung seit Beginn
des neunzehnten Jahrhunderts eingenommen. In
der Folge aber hat der Darwinismus gleichsam das
wissenschaftliche Unterpfand für die Ideologie der
Konkurrenz geliefert, indem er darlegte, daß das
ganze Leben ein Kampf sei und daß das Überleben
der Arten immer auf einem erfolgreich geführten
Kampf ums Dasein beruht. Schließlich illustrierte
die Entwicklung des Sports von der Mitte des
neunzehnten Jahrhunderts an das praktische Ethos
des Wettkampfs. Auf drei Ebenen hat die Ideologie
der Konkurrenz also Einfluß auf die Gesellschaft
genommen: in der sozialen Wirklichkeit durch die
Betonung des Gegeneinander-Arbeitens, in der
Vorstellungswelt der Menschen durch die natürliche Auslese und den Kampf ums Dasein sowie

schließlich im Symbolischen durch sportliche und andere Wettkämpfe aller Art. Leon Walras, Charles Darwin und Pierre de Coubertin legten somit die ideologischen Fundamente auch unserer Gegenwart. Wie das entsprechende Wirtschaftsmodell die Gesellschaft formt, so halten die zahllosen Sportveranstaltungen ihr den Spiegel ihres eigenen Rennens und Hastens vor, und eine darwinistische Ideologie verleiht dem Konkurrenzgedanken die Kraft eines zeitlosen Gesetzes.

Walras, Darwin und Coubertin legten die ideologischen Fundamente unserer Gegenwart.

Sehr bald bildeten sich seinerzeit konzeptuelle Verbindungen zwischen dem sportlichen Wettkampf, dem wirtschaftlichen Wettbewerb und dem »Kampf ums Dasein« heraus. Angesichts des Schauspiels der ersten Industriellen Revolution und des großen Elends, das in England herrschte, gewannen David Ricardo und Robert Malthus bereits den Eindruck, daß das Wirtschaftsleben ein Dschungel sei. Ihre Nachfolger gegen Ende des neunzehnten Jahrhunderts waren auch nicht viel optimistischer, und sie beeilten sich, die Theorie von der natürlichen Auslese aufzunehmen, eine Theorie, die sich ohne größere Schwierigkeiten in ihre Auffassung von der Wirtschaftskonkurrenz einfügen ließ. Der Soziologe Herbert Spencer (1820–1903), der in jungen Jahren als Journalist beim *Economist* arbeitete, versuchte den Darwinismus mit einer Theorie des sozialen Gleichgewichts zu verbinden. Diesen Versuch gab er allerdings bald auf und hielt allein am Gedanken des Kampfes fest. Spencer und nicht Darwin war es denn auch, der den bekannten Ausdruck vom »sur-

vival of the fittest«, vom »Überleben des Bestange-
paßten« erfand, der sich in der Folgezeit so großer
Beliebtheit erfreuen sollte.

Spencer scheute sich nicht, aus der für die Natur-
geschichte konzipierten Evolutionstheorie um-
standslos Folgerungen für das soziale Leben zu ziehen. So bedeutet Reichtum in seinen Augen, daß
jemand mit größerem Erfolg als andere seine An-
passungsfähigkeit unter Beweis gestellt hat. Nach
Spencer spielt die natürliche Auslese auch in der
Wirtschaft eine Rolle, und so hielt er es für nutzlos,
den »harten Kampf« der Individuen durch soziale
Maßnahmen abzumildern. Dies würde bloß Faul-
heit und Unfähigkeit fördern. Als ultra-
liberaler Individualist kämpfte Spencer **Gegen den Staat,**
beständig gegen den Staat, gegen die **gegen die**
Gewerkschaften, gegen die Schule (die **Gewerkschaften,**
Eltern haben ihre Kinder selbst großzu- **gegen die Schule.**
ziehen), gegen alles, was dem Laisser-
faire im Wege stand, was den Konkurrenzkampf
und die Auslese der Besten behinderte. Die Neoliberalen sagen heute auch nichts anderes. In der
Moralvorstellung Spencers stand der Egoismus an
erster Stelle; die Sorge um die anderen war allenfalls ein zeitweiliges Mittel, eigene Interessen
durchzusetzen.

Ein halbes Jahrhundert später wird Schumpeter
nahezu das gleiche sagen, freilich mit einer anderen
Moral. In den Augen des großen österreichischen
Ökonomen lief das Wirtschaftsleben auf einen
ruinösen Prozeß hinaus, der sich in folgende Formel pressen läßt: Innovation oder Tod. Diese Verbindung zwischen dem Daseinskampf und dem

Wirtschaftswettbewerb sollte auch Milton Friedmann 1953 in seinem Buch »Essays on positive
economics« zum Ausdruck bringen. Die Unternehmen, so Friedmann, müßten ihre Gewinne maximieren, wenn sie überleben und wachsen wollten.
In letzter Zeit haben einige Ökonomen die Analogie noch weitergetrieben und nicht mehr nur
Gleichgewichtsmodelle der Konkurrenz, sondern
Vorstellungen einer Selektion nach biologischen
Mustern zu entwerfen versucht. Diese Forschungen haben aus einem Grund bis jetzt noch nicht
sehr weit geführt: Die darwinistische Theorie stellt
immer nur im nachhinein fest, daß eine Art dank
gelungener Anpassung überlebt habe, während
eine andere verschwunden sei, ohne daß man dafür
einen genauen Grund nennen könnte. In diesem
Sinn ist die Theorie von der natürlichen Auslese
nahezu eine Tautologie, nach welcher der am besten angepaßte Typus überlebt, weil er am besten
angepaßt ist. Die Ökonomen interessiert freilich
nicht die Vergangenheit, sondern die Zukunft: Wie
muß man es anstellen, um in Zukunft zu überleben? Biologische Modelle sind hier nicht sehr
hilfreich, weil sie dem Zufall, dem Glück und dem
Verhalten der Individuen (oder der Gattung) zuviel
Platz einräumen. In den Wirtschaftsabläufen bestimmt kein Gesetz der Auslese über Erfolg oder
Mißerfolg.
Die falsche Analogie zwischen Ökonomie und Biologie wird freilich noch weitergetrieben. Anders
als die Soziologie, die sich in erster Linie für das
Verhalten von Schichten und Personengruppen interessiert, betrachten Ökonomen und Biologen vor

allem das Individuum. Die Evolutionstheoretiker sind ebenso wie die liberalen Ökonomen vom Vorrang des Egoismus überzeugt: Bevor das Individuum an die Allgemeinheit denke, handele es erst einmal so, wie es seinen persönlichen Interessen entspreche. Dabei verfolge der einzelne entweder einen unmittelbaren Nutzen oder aber er diene der Vererbung seiner Gene.

Die Evolutionstheoretiker sind ebenso wie die liberalen Ökonomen vom Vorrang des Egoismus überzeugt.

So entsteht gegenwärtig eine »Wissenschaft von der menschlichen Natur« oder doch eine Art Verhaltenstheorie an der Kreuzung zwischen evolutionistischer Psychologie und neoliberaler Ökonomie. Ernsthafte Wissenschaftler allerdings wissen längst: Ob es um Gene geht, die in einer Zelle eingeschlossen sind, um Tiere oder Menschen, die mit ihresgleichen konfrontiert werden – immer scheinen die Zusammenarbeit und ein maßvoller Altruismus erfolgreicher zu sein als die kurzsichtige, unbedingte Verfolgung ausschließlich eigener Interessen. Das gilt für Gruppen ebenso wie für Individuen. Allmählich wird man also gewahr, daß die Konkurrenz, der Konflikt und das Überleben des Stärkeren vielleicht doch nicht die Universalschlüssel zum menschlichen Verhalten sind.

Während Spencer die Theorie Darwins verriet, nahm der Sport, mit tatkräftiger Unterstützung durch die Eliten, einen ungeheuren Aufschwung, insbesondere in den angelsächsischen Ländern. Der amerikanische Psychologe Norman Triplett, selbst ein begeisterter Radfahrer, stellte gegen Ende des neunzehnten Jahrhunderts fest, daß die Lei-

stungen von Radfahrern besser sind, wenn sie unmittelbar gegeneinander antreten, als wenn jeder
für sich gegen die Uhr fährt. Daraus schloß er, daß
die Konkurrenz die Effizienz steigere. Triplett versuchte dann, diese Schlußfolgerung auch in Versuchen zu bestätigen, die der sozialen Wirklichkeit
näher waren. So ließ er mehrere Menschen gleichzeitig Bänder auf Spulen wickeln, was tatsächlich
jeden dazu antrieb, sich nach Kräften anzustren-
gen. Wenn man bedenkt, daß die Schulen etwa ab
1860 Leibesübungen als Fach förderten, daß etwas
später Frederick Taylor eine wissenschaftliche Ar-
beitstheorie entwickelte, in der die Zeit und Zeit-
messung große Bedeutung hatten, in der die meß-
bare »Leistung« zum Verdienstkriterium wurde
und die somit eine Konkurrenz zwischen den Lohn-
empfängern begründete, dann sieht man, wohin
die Konkurrenzideologie zunächst führte: Jeder
Beschäftigte trat sozusagen in einen geregelten
Wettkampf ein. Am anderen Ende der sozialen
Hierarchie gab man sich zu dieser Zeit eleganten
oder sehr männlichen Sportarten hin. Kurzum,
man bezeugte, schreibt Thorstein Veblen, einen gewissen Geschmack an der Rivalität und an einer
archaischen Geisteshaltung. Heute akzeptiert nahezu die ganze Gesellschaft als Erbin sowohl der
Arbeiterschaft als auch der wohlhabenden Klasse
beides: die ewige Hetze der Lohnarbeiter und die
»barbarischen« Wettkampfspiele, an denen die
meisten zumindest als Zuschauer teilnehmen.
Bei Experimenten im Anschluß an die Forschungen
Tripletts stellte sich allerdings heraus, daß bei Arbeiten, die komplexer sind als das Aufwickeln von

Fäden auf eine Spule, das gegenseitige Wetteifern nur sehr selten das geeignete Mittel ist, um rasch zum Ziel zu kommen. Bei allen Aufgaben, für die es mehr braucht als Kraft und Energie, ist die Zusammenarbeit effektiver als der Konkurrenzkampf. Die großen Organisationen, die gegen Ende des neunzehnten Jahrhunderts entstanden und in denen alle Talente integriert wurden, belegen dies eindrucksvoll. Auch Charles Darwin selbst war es ein Herzensanliegen, sich vom aufkommenden Sozialdarwinismus zu distanzieren. In seinem Buch über die Abstammung des Menschen legte er dar, daß das besondere Genie des Menschen gerade in der Zusammenarbeit bestehe und daß erst diese Zusammenarbeit das Überleben sichere und eine Moral habe entstehen lassen, von der Darwin meinte, sie sei der edelste Zug des Menschen. Man hörte freilich kaum mehr auf ihn, da die Ideologie der Konkurrenz auch gegen die Evidenz der Tatsachen die Oberhand gewonnen und ihre »Wahrheit« durchgesetzt hatte.

Bei allen Aufgaben, für die es mehr braucht als Kraft und Energie, ist die Zusammenarbeit effektiver als der Konkurrenzkampf.

Heutzutage »kämpft« man um eine Stelle oder einen Vertrag; einfach nur zu »arbeiten« wirkt schon fast altmodisch, statt dessen »zeigt man Leistung« oder »bringt etwas«. In schwierigeren Situationen muß man »seine Haut retten«, was soviel heißt wie: seinen Arbeitsplatz behalten. Man »bunkert sich ein« und »hält durch«, als befinde man sich im Grabenkrieg gegen den Nächsthöheren. Der Wortschatz ist durchzogen von militärischen Ausdrücken und ein deutliches Indiz für die tatsächlichen und rhetorischen Kriege. Daneben taucht natürlich noch die Metaphorik aus dem Sport und aus der Biologie auf: Ein Unternehmen ist dann ein »lebendiger Organismus«, der zu »überleben« versucht. Die Menschen wollen »Gewinner« sein, »Kämpfer«, die durchs Ziel gehen. Sie wissen, wann man »anziehen« muß und wann eine Verschnaufpause drin ist (zum Beispiel zwischen zwei feindlichen Übernahmen). Man erobert also einen Markt, wie man ein Rennen gewinnt. Man rühmt dann die Tugend des Gewinnens, während man darüber die Logik des Gebens und Nehmens vernachlässigt, obwohl sie zum effizienteren Verhalten führt.

Unter den Ungenauigkeiten und Tautologien des ökonomischen Diskurses finden sich wahre Wunderwörter mit geradezu magischer Wirkung. Eines der wichtigsten lautet: Wettbewerbsfähigkeit. Was ist ein Unternehmen, das seine Wettbewerbsfähigkeit unter Beweis stellt? Eines, das mehr verkauft als das Konkurrenzunternehmen. Warum aber verkauft dieses Unternehmen mehr als sein Konkurrent? Weil es besser auf den Wettbewerb eingestellt, also wettbewerbsfähiger ist. Und darüber hinaus? Da wird es schwierig. Denn die »Wettbewerbsfähigkeit« ist ein Ausdruck, hinter dem sich alles mögliche verbergen kann. Diese Wettbewerbsfähigkeit kann über den Preis, über die Arbeit, über einen Erfahrungsvorsprung oder über ein besseres soziales Umfeld hergestellt worden sein. Eine große Unternehmensberatung hat einmal über sechzig Krite-

Unter den Ungenauigkeiten und Tautologien des ökonomischen Diskurses finden sich wahre Wunderwörter mit geradezu magischer Wirkung.

rien und Faktoren für Wettbewerbsfähigkeit zusammengetragen. Aus Verzweiflung kommt man dann gern wieder zur Wurzel von Gut und Schlecht zurück und erklärt Wettbewerbsfähigkeit für die aus dem Sport bekannte Fähigkeit, einen Wettkampf aufzunehmen. Andere bringen es auf die einfache Formel, man müsse eben besser als der Konkurrent sein, weil nur für die tüchtigsten Unternehmen Aussicht aufs Überleben bestehe. Das ist zwar noch immer keine taugliche Definition von Wettbewerb, aber immerhin ist die Verbindung zwischen der Welt des Sports, dem »Kampf ums Dasein« und der Welt der Geschäfte wieder mit Händen greifbar.

In der Regel also steht man im Wettbewerb. Es geht dabei, so glaubt man, nicht nur um Worte, sondern auch um Fakten. Das soziale Leben stellt man sich wie einen Feldzug vor, **Das soziale Leben als** mit Schlachten, Finten oder auch Duel- **Feldzug.** len. Wer nicht mitmacht, verliert. Der Konkurrenzkampf, das Ellenbogenprinzip, ist dabei die leitende Idee – nicht allein in geschäftlichen, sondern auch in privaten Situationen. Die Grammatik dieses Konkurrenzkampfs lernt man früh, in der Schule, die aus jedem Kind einen Konkurrenten macht. Die Regeln werden allerdings gelernt, ohne verstanden zu sein. Nach Wittgenstein folgt in der Grammatik eins aufs andere, aber die Regeln sind autonom im Hinblick auf äußere Objekte. Die Regel bestimmt die Bedeutung, sie bestimmt, was Sinn hat und was nicht. So ist es auch im Fall der Konkurrenz. Sie bestimmt in vielen Situationen, was sinnvoll ist. So beobachtet man erst einmal, welche Wettbewerber miteinander konkurrieren, um den Einsatz abschätzen zu können. Wenn sich etwa ein Konkurrent auf einem neuen Forschungsfeld engagiert, so tut man es ebenfalls. Die Regeln der Konkurrenz und des Nachmachens scheinen mithin natürlich und universell zu sein. Wittgenstein weist aber auch darauf hin, daß die Regel einer Erfindung entspringt, dem Zufall und der Beliebigkeit. Das gilt auch dann, wenn sie uns, nachdem sie erst einmal aufgestellt worden ist, unentbehrlich erscheint. Denn wenn man die Grammatik beherrscht, erscheint sie als etwas Natürliches. Was einmal zufällig war, wirkt jetzt zwangsläufig, und das Zwangsläufige wird natürlich, da die »Grammatik«, eine bestimmte Struktur der Wahrnehmung, uns gelehrt hat, Dinge so und nicht anders zu sehen. Es ist also schwierig, die Dinge von den Formulierungen zu unterscheiden. Und die Macht der ökonomischen Grammatik liegt darin, daß sie sich extrem eng mit der Wirklichkeit verbindet: Wir sehen uns auf diese Weise Tatsachen gegenüber, welche die Regeln bestätigen, denn wir sehen diese Tatsachen ja nur in den durch die Regeln vorgegebenen Mustern – so wie einst die Wunder vom Glauben hervorgerufen und bestätigt wurden und der Glaube durch die Wunder.

Überlebenskampf, sportlicher Wettkampf, wirtschaftliche Konkurrenz, Handelskrieg – all diese Ausdrücke scheinen einander zu rechtfertigen, so daß man sich in den Netzen der Ideologie verfängt, zumal sich diese Ideologie naturalistisch präsen-

tiert. Die Mehrzahl der Ökonomen steckt die
menschlichen Aktivitäten in ihrer grenzenlosen
Vielfalt gerne in das enge Korsett der rationalen,
ökonomischen Interessen, und wenn sie das Ellenbogenprinzip und die Vorzüge der Konkurrenz
loben wollen, greifen sie auf eine – vermeintlich
darwinsche – Anthropologie zurück, die angeblich
glasklar beweist, daß das gegenwärtige Wirtschaftssystem unschlagbar gut ist. Diese Ideologen
wollen vor allem vergessen (und vergessen machen), daß die Wirtschaft ebenso eine Geschichte
hat wie das Konkurrenzprinzip. Letztere ist, in ihrer modernen Fassung, nicht älter als zweieinhalb
Jahrhunderte, eine Geschichte, die in unserem Zusammenhang höchst aufschlußreich sein dürfte.
Konkurrenz und Konkurrenzkampf sind alles andere als »natürliche Gegegebenheiten«; sie sind
theoretische und praktische Konstrukte – was im
nächsten Kapitel zu zeigen sein wird, in dem wir
uns ins Labyrinth der ökonomischen Diskurse begeben.

3. Kleine Geschichte der Konkurrenzidee

»Kurz, die Konkurrenz muß es auf sich nehmen, alle Begriffs-
losigkeiten der Ökonomen zu erklären, während die Ökonomen umgekehrt die Konkurrenz zu erklären hätten.«

(Karl Marx)

Bevor es Ökonomen gab, betrachtete man den
»Krieg aller gegen alle« noch nicht als Lebensideal
und sah darin auch kein Mittel zur Mehrung des
Wohlstands. Hobbes, der die diabolische Logik des
Kampfes jedes gegen jeden am besten beschrieben
hat, sah nur eine Möglichkeit, ein dauerndes Blut-
vergießen zu verhindern: den starken Staat, den
Leviathan, der allein durch die Furcht, die er ein-
flößt, verhindert, daß der »Mensch des Menschen
Wolf« wird. Jahre später vermitteln Montesquieu
und Locke eine optimistischere Sicht über das Zu-
sammenleben der Menschen. Für Montesquieu
stellte der Handel, dieses »sanfte Geschäft«, wie er
es nannte, eine gewisse Eintracht unter den Menschen her, indem er die kriegerischen Neigungen
dämpfe. Es ist nicht überraschend, daß die Philosophen in einem Jahrhundert, in dem das Wirt-
schaftsbürgertum seine Macht entwickelt, das Eigeninteresse als Wert entdeckten. Adam Smith
indessen, der als Begründer der politischen Ökonomie gilt, räumte zwar ebenfalls dem Egoismus den
Vorrang ein, sah aber sehr wohl, daß er allein noch

keinen sozialen Zusammenhalt schafft. Dazu bedarf es nach Smith ein wenig Sympathie, ein wenig von jener dem Menschen innewohnenden Fähigkeit, sich in den anderen, vor allem in den Leidenden hineinzuversetzen. Im Gegensatz zu anderen Ökonomen nach ihm setzte Smith nicht darauf, daß auch die sittlichen Beziehungen zwischen den Menschen durch das Konkurrenzprinzip gut geregelt seien. Weiter unten wird anhand einiger Belege zu zeigen sein, wie die Konkurrenzwirtschaft aufgrund ihrer Komplexität die sozialen Beziehungen immer abstrakter werden läßt und hierdurch nach und nach soziale Fähigkeiten wie Empathie und Fürsorglichkeit verkümmern läßt.

Der schottische Moralphilosoph David Hume stellte im achtzehnten Jahrhundert fest: »Habgier, oder das Streben nach Gewinn, ist eine universelle Leidenschaft, die zu allen Zeiten, an allen Orten und auf alle Menschen wirkt.« Hume stellt dieser Leidenschaft andere wie Neid oder Rachsucht gegenüber und betont, daß letztere, anders als das Gewinnstreben, »nur von Zeit zu Zeit wirksam sind und sich gegen einzelne Menschen richten«. Nicht mehr als zwei Jahrhunderte sind seitdem vergangen, und heute wird nicht nur die Habgier, sondern es werden auch Rivalität, Rachsucht und das Gegeneinander als natürliche Eigenschaften aller Individuen ausgegeben.

Der Begriff der Konkurrenz geriet den Ökonomen erst relativ spät und nur sparsam in die Feder.

Der Begriff der Konkurrenz geriet den Ökonomen erst relativ spät und nur sparsam in die Feder. Adam Smith etwa erwähnt sie nur selten und bloß am Rande. Sein Zeitgenosse und Landsmann James Steuart, Ökonom auch er, hat wohl als erster eine Theorie der wirtschaftlichen Konkurrenz entwickelt. Für Steuart war die Konkurrenz freilich nicht durchweg positiv besetzt. Ein idealer Vertrag, so Steuart, muß die Interessen von Käufer und Verkäufer vereinen. Wenn es eine einseitige Konkurrenz unter den Käufern gibt, ist die Nachfrage übermäßig groß, wenn es andersherum viele Verkäufer und nur wenige Käufer gibt, ist die Nachfrage zu schwach. Beide Formen der ungleich verteilten Nachfrage sind nach Steuart schädlich. Adam Smith hatte schon darauf hingewiesen, daß eine zu lebhafte Konkurrenz zwischen den Kapitalisten unvermeidlich ein Absinken der Profite bedeute. Steuart verfolgte diesen Gedanken weiter und gelangte schließlich zu der Auffassung, daß nur dort die Industrie blühe, wo es eine ausgeglichene, also doppelte Konkurrenz gebe, eine Konkurrenz also auf der Angebots- wie auf der Nachfrageseite. Der Fall aber, daß es an einem Ort zugleich viele Anbieter und viele Käufer gibt, war im achtzehnten Jahrhundert ebenso selten wie heute. Der Kapitalismus entwickelte sich bereits damals eher abseits der Märkte, durch die Vernetzung von Großkaufleuten und einer sich entwickelnden Hochfinanz, die miteinander und unter Ausschluß der Öffentlichkeit, also des »freien Marktes«, Geschäfte machten. Sehr bald schon sollte es zwei Arten von Handel geben. Der erste Typ ist bodenständig, wie der Historiker Fernand Braudel schreibt, er ist von der Konkurrenz und dem Wettbewerb bestimmt und relativ gut zu überblicken. Der andere Typus dagegen ist weit mächtiger, raffiniert und dem ersteren hoch überlegen. Mit dem Aufkommen der Maschinen und der großen Fabriken machten die großen Unternehmer und der Handel die Geschäfte unter sich ab; hier gab es keinen wirklich offenen, jedem zugänglichen Markt. Das ist einer der Gründe, warum die Apostel des Wirtschaftsliberalismus es bald aufgegeben haben, von der »doppelten Konkurrenz« zu sprechen. Statt dessen wurde nun allein die Konkurrenz zwischen den großen Unternehmen hervorgehoben; bei diesem Spiel aber gerieten die Verbraucher immer mehr in die Rolle des Spieleinsatzes; selbst mitspielen konnten sie hier nicht mehr.

Die Grundlage für den Reichtum einer Nation und das Wohlergehen ihrer Bürger lag für Adam Smith und seine unmittelbaren Nachfolger bis hin zu Karl Marx nicht im Prinzip der Konkurrenz, sondern in der Arbeitsteilung und in der Spezialisierung begründet, die als Voraussetzung für die Entfaltung des Handels galt. Arbeitsteilung und Markt stehen in einem wechselseitigen Bedingungsverhältnis. Je größer der Markt ist, desto größer sind die Chancen der Spezialisierung und der Wirtschaftsentwicklung. Man kann es nicht deutlich genug sagen: Für Adam Smith waren die Konkurrenz und der Wettbewerb keine Bedingungen für Warenaustausch und Wohlstand. Die Konkurrenz war in seinen Augen bloß eine Folgeerscheinung der Arbeitsteilung und der geographischen Ausdehnung der Märkte.

In seinem Buch über den Reichtum der Nationen

Für Adam Smith waren die Konkurrenz und der Wettbewerb keine Bedingungen für Warenaustausch und Wohlstand.

notierte Smith im Hinblick auf die Warenpreise:
»Der Monopolpreis ist auf jeden Fall der höchste,
den man erzielen kann. Demgegenüber ist der natürliche oder der Preis bei freier Konkurrenz der tiefste,
den man nehmen kann ... Der erste ist immer und
überall der höchste, den man aus den Käufern her-
auspressen kann ... der zweite ist der niedrigste, den
der Verkäufer gewöhnlich noch hinnehmen kann,
ohne aus dem Markt ausscheiden zu müssen.«
Der Ökonom zieht hier schon die künftige Argu-
mentationslinie des Wirtschaftsliberalismus: die
Behauptung nämlich, daß nur durch die Konkurrenz verhindert werden könne, daß es zu unange-
messenen Gewinnmargen, zu Monopolgewinnen
kommt. Damit sei unmittelbar dem Wohlstand aller gedient. Mit diesem Konzept vom »natürlichen
Preis« und der berühmten »unsichtbaren Hand« –
ein Begriff, der bei ihm übrigens keine zentrale
Rolle spielt, sondern nur ein einziges Mal ver-
wandt wird – hat Adam Smith allen Theorien vom
allgemeinen Gleichgewicht der Kräfte
den Weg gewiesen, die bis heute das
Das bröckelnde etwas bröckelnde, aber nach wie vor
Fundament der Wirt- imposante Fundament der Wirtschafts-
schaftswissenschaft. wissenschaft darstellt. Adam Smith
hatte allerdings vor allem rechtlich fixierte Monopole im Auge, wie sie etwa der König einer Person
oder einer Handelsgesellschaft verlieh, und nicht
die tatsächlichen Unternehmensmonopole, denn
diese können sich nach Smith ohnehin nicht lange
halten, weil zu hohe Monopolprofite unweigerlich
Konkurrenten anziehen und das Monopol gefährden würden. Denn jeder Kapitalist versuche, sein

Geld stets dort anzulegen, wo es die höchste Rendite erziele. Zwei Jahrhunderte später haben W. Baumol und andere nachgewiesen, daß Unternehmen, die faktisch eine Monopolstellung auf dem Markt innehaben, sich bemühen, ihre besondere Lage nicht zu sehr auszunutzen, um keine Konkurrenten auf den Plan zu rufen. Mit den Worten Adam Smith' könnte man sagen, daß auch Monopolunternehmen aus Furcht vor möglicher Konkurrenz ihre Preise so gestalten, daß sie nahe am »natürlichen Preis« liegen.

Bis zur Mitte des neunzehnten Jahrhunderts waren faktische Monopole selten und vorübergehender Natur. Die Industrielle Revolution und der technische Fortschritt brachten unentwegt neue Unternehmen hervor, die oft genug bald wieder Pleite machten, und so ist es kein Wunder, daß die Wirtschaftstheoretiker sich damals mehr mit Fragen der Preisbildung, der Kapitalakkumulation oder der Besteuerung auseinandergesetzt haben als mit Problemen des Marktes und der Konkurrenz. Die aufkommenden Handelskriege, die sich über das ganze 19. Jahrhundert erstreckten, sorgten allerdings dafür, daß die Frage der Konkurrenz bald vorrangig wurde. Man stritt darüber, ob man die Grenzen gegen ausländische Produkte abriegeln oder ob man die Einfuhrzölle senken und somit den Freihandel begünstigen solle. Adam Smith war für den Freihandel, Malthus dagegen, David Ricardo wiederum dafür und der deutsche Ökonom List war auf kurze Sicht gegen, langfristig aber für den Freihandel. Bald lieferten sich in England, Frankreich und in vielen anderen europäi-

schen Staaten Freihändler und Protektionisten einen lebhaften Schlagabtausch. Zu den Protektionisten zählten im allgemeinen die Grundbesitzer,
Landwirte und bestimmte ältere Industriebran-
chen. Zu den Befürwortern des Freihandels zählten
die meisten Kaufleute, Industriellen und Bankiers,
die sich in England in der von Richard Cobden ge-
gründeten Manchester-Liga zusammengeschlossen
hatten. In Frankreich fanden sie sich in der Französischen Vereinigung für den Freihandel zusammen,
die durch den Polemiker Frédéric Bastiat ins Leben
gerufen worden war. In gewisser Weise bestehen
diese Lager bis heute fort. In den verbalen Delirien
mancher Wirtschaftsjournalisten, die entweder von
der einen oder der anderen Seite bezahlt werden,
taucht stets eine Göttin namens Konkurrenz auf,
die alternativ alle Tugenden oder alles Böse ver-
körpert. »Die Konkurrenz ist nur scheinbar ein
Element der Zwietracht; tatsächlich stellt sie den
eigentlichen und grundlegenden Zusammenhalt
der Gesellschaft dar«, schrieb im Jahr 1845 der
Ultraliberale Charles Dunoyer de Segonzac. Und
Courcelle-Seneuil setzte bekräftigend hinzu: »Die
Schutzzölle sind ungerecht, denn sie nutzen allein
den großen Industriellen, während sie zur Verarmung der Arbeiter führen.« Frédéric Bastiat, einer
der talentiertesten Publizisten seiner Zeit, versichert
sogar, daß nur die Konkurrenz auch Solidarität
erlaube. Mangelnde Konkurrenz, also mangelnde
Freiheit, so Bastiat in seinem Werk »Harmonies
économiques«, verhindere mit größter Sicherheit
jede Gleichheit. Und mangelnde Gleichheit schließe
jeden Gedanken an Brüderlichkeit aus. Vom repu-

blikanischen Glaubenssatz bleibe unter solchen Umständen nichts mehr übrig.

Nach und nach gewannen die Freihändler wenigstens teilweise die Oberhand, zuerst in England in Form der »Corn Laws«, dann mit der Unterzeichnung des Freihandelsabkommens zwischen England und Frankreich im Jahre 1860. Aber der Kampf ging lange, lange genug jedenfalls, damit die Konkurrenz als »Quelle der wechselseitigen Bereicherung«, so formulierte Ricardo bereits im Jahr 1817, angesehen wurde.

Konkurrenz – Solidarität – Gleichheit.

Karl Marx amüsierte sich über diesen Streit zwischen Protektionisten und Freihändlern. Mit Ironie kommentierte er vor allem die Lobpreisungen der Konkurrenz. In seinen »Grundrissen« prophezeite er, daß sich die Konkurrenz auf der ganzen Breite durchsetzen werde. Für Marx ist die freie Konkurrenz lediglich eine Maske, hinter der die tatsächlichen Produktionsverhältnisse verborgen sind. Die Konkurrenz verschleiere die Herrschaft des Kapitals über den Menschen. Natürlich, so Marx, sei den Unternehmen nichts an einer freien Konkurrenz gelegen, da diese ja zwangsläufig die Profitrate sinken lassen würde. Deshalb bildeten die Kapitalisten, die sich vordergründig einen Konkurrenzkampf lieferten, tatsächlich eine Art Bruderschaft, ein Bündnis gegen die Arbeiter. Das hatte übrigens auch schon Adam Smith so gesehen, dem gar nichts von einem Revolutionär anhaftete. Sicher, Marx stand dem Protektionismus ablehnend gegenüber. Ihm war klar, daß erst die Konkurrenz zur Auflösung der Zünfte geführt hatte, zur Abschaffung der Vielzahl von Wege- und anderen Steuern sowie allen anderen Archaismen, die den Fortschritt behinderten. Freilich ließ er sich nicht darüber hinwegtäuschen, daß das Kapital keineswegs alle Grenzen und Schranken aufgehoben hatte, sondern nur die, die es selbst behinderten. (Das ist im übrigen bis heute so: Wie der gemeinsame europäische Binnenmarkt in seinen Anfängen auch, öffnet das nordamerikanische Freihandelsabkommen, das 1993 zwischen den Vereinigten Staaten, Kanada und Mexiko geschlossen wurde, die Grenzen ausschließlich für Kapital und Waren, nicht aber für Menschen.) In der freien Konkurrenz betätigen sich, so Marx, nicht die Individuen frei, vielmehr sei es das Kapital, das freigemacht werde. Eben deshalb schlägt er den Kapitalisten und Ökonomen mit einem gewissen Geschmack am Paradox vor, sich selbst beim Wort zu nehmen und die Konkurrenz ohne Beschränkung zur Anwendung zu bringen. Das werde nämlich zweifellos den Ruin der kapitalistischen Wirtschaft bedeuten. Ohne eine gewisse Undurchschaubarkeit und ohne Absprachen komme sie ebensowenig aus wie ohne eine gewisse Rivalität zwischen den Kapitalisten.

In der freien Konkurrenz betätigen sich, so Marx, nicht die Individuen frei, vielmehr sei es das Kapital, das freigemacht werde.

Die Frage der Konkurrenz beschäftigte den jungen Marx sehr, und zeitweilig hegte er die Absicht, eine Studie über die Konkurrenz zu schreiben; er wollte jenen ›Mythos‹ zerstören, demzufolge die Konkurrenz das Fundament der individuellen Freiheit darstelle. Im Konkurrenzkampf, stellt Marx fest, geht es drunter und drüber, denn der Wert einer Ware ist nicht mehr nach Arbeitsstunden und der Profit nicht mehr durch unbezahlte Mehrarbeit zu berechnen. Alles gerät ein wenig ins Schwanken, und die ökonomischen Theorien drehen sich im Kreis. Angebot und Nachfrage sollen den Preis bestimmen, die Preise aber entscheiden wiederum über Angebot und Nachfrage. Im Konkurrenzkampf, so Marx, bekommt alles einen falschen Anschein, und häufig genug wird der Kapitalist selbst durch den Augenschein getäuscht. Auch heute kann man das nicht treffender sagen, und es gibt wohl keinen zeitgenössischen Ökonomen, der von sich behaupten könnte, daß er diese Fragen hinter sich gelassen habe.

War der Streit um den Freihandel entscheidend für die Ausprägung der Wirtschaftsideen des neunzehnten Jahrhunderts, namentlich für die Entwicklung der Konkurrenzidee, so gilt dies für den Klassenkampf nicht minder. Unter den Augen der ganzen Gesellschaft schrie **Elend in den Städten.** das Elend in den Städten in der Zeit der forcierten Industrialisierung gen Himmel; der Kampf zwischen Unternehmensherr und Arbeiter schien die zwangsläufige Schlachtordnung des Kapitalismus. Während die frühen Ökonomen wie Adam Smith sowie die Franzosen Quesnay, Say und Bastiat noch zuversichtlich waren, daß die - Interessen der verschiedenen Klassen im Wirtschaftsprozeß ausgeglichen würden, waren die »Engländer« Malthus, Ricardo, Marx und Engels pessimistischer. Sie hatten ein England buchstäblich vor Augen, das unter einer Qualmwolke lag und durchzogen war von düsteren, schwarzen

Gassen, die die Elendsquartiere erschlossen. Daß die Vorstellung einer in zwei Lager gespaltenen Gesellschaft etwas zu simpel war und die soziale Entwicklung der Familien von einer Generation zur nächsten ebenso vernachlässigte wie die Gegensätze, die innerhalb jeder »Klasse« selbst ausgetragen werden, änderte nichts am Erfolg des Konzepts vom Klassenkampf mitsamt seinen perversen Effekten. Denn nach Malthus bemächtigten sich »darwinistische« Theoretiker des Klassenkampfs als einer Art Kontrastmittel und als Beispiel, um ihre Vorstellungen vom »Wettbewerb« und vom »Überleben« zu propagieren. In der Folge gewann die ökonomische Konkurrenz einen ganz anderen Sinn, sie wurde »sauber« und neutral. Nach wie vor aber gibt es den unausgesprochenen Konflikt zwischen Reich und Arm, der bei all der Rhetorik vom Wirtschaftswettbewerb unterschlagen wird.

Die Konkurrenz wurde also um die Mitte des neunzehnten Jahrhunderts zu einem Leitmotiv aller Ökonomen. Die Idee der Konkurrenz konnte um so leichter Fuß fassen, als eben zu dieser Zeit die ersten großen Unternehmen entstanden, zunächst im Eisenbahnwesen, dann in der Chemie und in der Stahlindustrie. Auf allen »Märkten« und mit allen Mitteln rivalisierten die Industriellen auf der einen Seite mit den großen Händlern und den Finanzmagnaten auf der anderen Seite. Diese Konzentration des Kapitals barg schwerwiegende Gefahren nicht nur für die unterprivilegierten Klassen, sondern auch für das Wirtschaftssystem selbst. Gelegentlich verschaffte sich ein Industrieller eine beherrschende Stellung, oder mehrere Kapitalisten schlossen sich zusammen und gefährdeten, so glaubte man, das freie Spiel der Konkurrenz. Hier handelte es sich nicht mehr wie einst um Warenmonopole, sondern um mächtige internationale Oligopole, häufig Finanzoligopole, die das Funktionieren des Marktes zu beeinträchtigen drohten.

Aus diesem Grund versuchten die Ökonomen nun, zeitlose und universelle Marktgesetze zu ermitteln. Schon 1838 griff der Franzose Augustin Cournot die Ideen Adam Smith' auf und zeigte: je größer die Zahl der Konkurrenten, desto angemessener und fairer der Preis. Vor allem gegen Ende des neunzehnten Jahrhunderts, als die großen Konzentrationsbewegungen einsetzten, wurde die Konkurrenz, gerade auch die vollkommene Konkurrenz, Gegenstand vielfältiger Forschungen und mathematischer Formalisierung. Einmal mehr entwickelte die Theorie ihre Konzepte im nachhinein, während die soziale Realität sich bereits wieder veränderte.

»Die Sekte der Ökonomen«, wie man sie im achtzehnten Jahrhundert nannte, war schon seit geraumer Zeit ein rasch expandierender Berufszweig. Die Universität London schuf im Jahr 1828 erstmals einen Lehrstuhl für politische Ökonomie, auf den ein Freund und Schüler Ricardos, John MacCulloch, berufen wurde – ein Beispiel, das bald auch in Berlin und Paris Schule machen sollte. Die meisten dieser hochgelehrten Professoren schätzten das Epitheton »politisch«, das ihrer Wissenschaft von der Ökonomie angehängt wurde, nicht besonders.

Die meisten dieser hochgelehrten Professoren suchten sehr bald nach Wegen, die Ökonomie zu einer ebenso objektiven und unparteiischen Wissenschaft zu erheben, wie es die Physik oder Mechanik waren.

Sie suchten sehr bald nach Wegen, die Ökonomie zu einer ebenso objektiven und unparteiischen Wissenschaft zu erheben, wie es die Physik oder Mechanik waren. Der Moralist Adam Smith, der sich von Hume hatte inspirieren lassen und noch von »Sympathie« gesprochen hatte, war schon zu einer Figur der Vergangenheit geworden. Aber wie sollte man eine Disziplin verwissenschaftlichen, deren Gegenstand so sehr im Alltagsleben verwurzelt und so sehr durch Interessen geprägt war? Die schwierige Aufgabe bestand darin, für die Ökonomie ein ebenso mathematisches wie universelles Gesetz zu formulieren wie es beispielsweise die Physik mit der Schwerkraft zur Verfügung hatte.

Seit dem Ende des neunzehnten Jahrhunderts ist die Wirtschaftswissenschaft im Kern eine mathematische Disziplin. In unserem Jahrhundert haben sich die Ökonomen gegenseitig an Erfindungsgeist übertroffen, wenn es darum ging, immer raffiniertere Modelle mit immer komplizierteren Gleichungen zu formulieren. Auf diese Art Wirtschaftswissenschaft paßt Bertrand Russells halb scherzhafte, halb ernstgemeinte Bemerkung, mit der er einst die Mathematik charakterisierte: Sie sei eine Beschreibung, bei der man weder wisse, was man beschreibe, noch, ob die Beschreibung zutreffend sei. Die Mehrzahl der ökonomischen Modelle beruht in Wirklichkeit auf extremen einfachen Grundannahmen, in denen ein Verbraucher und ein Unternehmen vorkommen und der Verbraucher womöglich auch noch Besitzer des Unternehmens ist ... Auch ohne karikierende Beschreibung kommt man nicht darum herum, daß die Axiomatik dieser Modelle

nichts mit der Wirklichkeit zu tun hat. Die mathematisch orientierten Wirtschaftswissenschaftler,
Walras ebenso wie sein englischer Kollege Mar-
shall und ihre Nachfolger, haben den Begriff der
politischen Ökonomie ausdrücklich aufgegeben,
der der Wirtschaftswissenschaft früher sowohl
einen literarischen als auch einen »merkantilisti-
schen« Charakter verlieh. Was Walras und seine
Kollegen wollten, war eine »reine Ökonomie«,
eine Ökonomie, die von individuellen und sozialen
Zufälligkeiten befreit sein sollte.

Von allem, was das Wirtschaftsleben im allgemeinen und das Verhalten der Unternehmer im besonderen beeinflußt, angefangen bei der Preis- und
Mengenkalkulation bis zur Entwicklung neuer
Produkte, nicht zu reden von Betrügereien, Pflicht-
vergessenheit oder der Entstehung von Oligopolen,
haben die Ökonomen ihr Hauptaugenmerk allein
auf ein einziges Element gerichtet, das relativ leicht
zu analysieren, zu beziffern und zu formalisieren
ist: der Wettbewerb über den Preis. Die dazu-
gehörige Theorie vom allgemeinen Gleichgewicht
unter den Bedingungen einer unverfälschten Konkurrenz wurde von Cournot, Menger und Jevons
entworfen und von Walras systematisch begründet.
Trotz der Ruhestörungen durch einige Häretiker
ist der Einfluß dieses mathematischen Modells bis
heute stark geblieben. Der amerikanische Ökonom
Baumol machte vor nicht allzu langer Zeit darauf
aufmerksam, daß selbst sehr spezielle Studien von
der allgemeinen Fachwelt nur dann für voll ge-

nommen werden, wenn sie großzügig alle möglichen Algebra-Symbole verwenden. Es hängt nicht zuletzt mit dieser zum Teil ganz oberflächlichen und absurden Mathematisierung zusammen, daß das Walras-Modell trotz seines geringen Realitätsgehalts bis heute vorherrschend ist. Die sogenannte neoklassische Theorie der Konkurrenz markiert einen Bruch in der ökonomischen Theorie. Während für die Wirtschaftstheoretiker von Smith bis Marx die Frage im Vordergrund stand, wie sich Reichtum und Wohlstand bilden, versuchte die neoklassische Theorie von Walras bis zu Arrow zu klären, wie dieser Reichtum zu erhalten und wie Gewinne zu optimieren seien. Für die ersteren war das Konzept des »Wertes« ein Eckstein ihrer Theorien, zugleich war es aber auch ihre Archillesferse. Denn sollte man den Wert eines Gutes durch seine Seltenheit (so Burlamaqui und Ricardo), durch seine Nützlichkeit (wie es Condillac und Say sahen) oder durch die zur Herstellung benötigten Arbeitsstunden (Smith, Marx) definieren? Diese Fragen führten ins Uferlose, und Jean-Baptiste Say stellte schließlich in einer sehr modern anmutenden Bemerkung fest, daß es für die Bewertung eines Gutes keinen feststehenden Maßstab geben könne, weil man Werte immer nur mit Hilfe anderer Werte messen könne. Dieses Verfahren aber führe zwangsläufig dazu, daß der Maßstab stets variabel bleibe.

Bei den Vertretern der neoklassischen Theorie trat die Frage nach dem Wert einer Ware mit den achtziger Jahren des neunzehnten Jahrhunderts in den

Ein Bruch in der ökonomischen Theorie.

Hintergrund und geriet bald sogar völlig in Vergessenheit. Zu diesem Zeitpunkt wurde die Wirtschaft bereits als ein Ganzes betrachtet – was sie
dann auch in der Wirklichkeit werden sollte. Insofern beschrieben die neoklassischen Ökonomen
die Wirtschaft als ein System des (statistischen)
Gleichgewichts, als eine Gleichung mit mehreren
Variablen: Angebot, Nachfrage, Preis und Menge.
Diese Gleichung konnte man für den ganzen
Markt aufmachen, wie es Walras tat, oder für einzelne Märkte, was freilich auf dasselbe hinauslief.
Nach Léon Walras ist die reine Ökonomie eine
Theorie der Preisbestimmung unter den Bedingungen einer vorausgesetzten Herrschaft der absolu-
ten, freien Konkurrenz.

Die klassischen Ökonomen hatten ein Jahrhundert
lang über die Mobilität des Kapitals debattiert –
und häufig die Grenzen dieser Mobilität aufge-
zeigt. Die neoklassischen Theoretiker
dagegen gingen von einer totalen Mobi- **Totale Mobilität?**
lität aus. Konkurrenz und Wettbewerb
wurden von den klassischen Ökonomen noch als
bloße Folgen des Profitinteresses gedeutet; die
Konkurrenz war also eine Art Verhaltensmuster.
Im neoklassischen Modell ist die Konkurrenz
dagegen integraler Bestandteil des Marktes selbst.
Sie wird zur grundlegenden und wichtigsten Bedingung des Wirtschaftssystems. Der italienische
Schüler von Léon Walras, Vilfredo Pareto, sieht im
Gleichgewicht der Konkurrenz die entscheidende
Bedingung dafür, daß die Ressourcen immer effek-
tiver genutzt werden.

Wie kam es, daß sich die Wirtschaftswissenschaft

so sehr von der Werttheorie, die den Menschen selbst und den Gütern gegenüber nicht gleichgültig war, abwandte und sich nur noch für Preise und Mengen interessierte? Das ist einigermaßen rätselhaft und kann nur mit den Produktionsbedingungen der Wirtschaftswissenschaft selbst und mit dem Positivismus des neunzehnten Jahrhunderts erklärt werden. Es versteht sich von selbst und wird von den Ökonomen auch eingeräumt, daß die reine und vollkommene Konkurrenz eine Idealvorstellung ist, die sich nirgends im wirklichen Leben auffinden läßt. Trotzdem meinen einige Ökonomen, daß alles, was die Konkurrenzverhältnisse verzerren könne, wie Eingriffe des Staates zum Beispiel, »schädlich« sei und deshalb ausgeschlossen werden müsse. Andere Ökonomen, unter ihnen die bedeutendsten ihrer Zeit, stimmten dem nicht zu. Es war der Brite Nicholas Kaldor, der sich mit dem größten Nachdruck gegen diese Theorie des Gleichgewichts wandte, da sie eine irreführende Ansicht vom Wesen und von den Handlungszusammenhängen der wirtschaftlichen Kräfte gebe. Der Franzose François Perroux machte überdies geltend, daß die Gleichgewichtstheorie ein »implizit normatives Konzept« sei, also weit von der angeblichen Neutralität physikalischer Gesetze entfernt. Aber diese Skeptiker sollten Prediger in der Wüste bleiben. Bis heute gibt man den Studenten der Wirtschaftswissenschaften Jahr für Jahr einen analytischen Rahmen und ein System von Gleichgewichten vor, obwohl weder der eine noch das andere ihnen dazu verhelfen, die tatsächlichen Mechanismen der kapitalistischen Wirtschaft, also des Marktes, zu begreifen. Gérard Debreu, der selbst maßgeblich dazu beigetragen hat, daß sich Walras' Lehre vom allgemeinen Gleichgewicht durchgesetzt hat und der diese Lehre noch einmal mathematisch formalisiert hat, gesteht selbst ein, daß diese Theorie nichts mehr mit ihrer Interpretation zu tun habe. Und die Interpretation nichts mehr mit den Tatsachen, darf man wohl hinzufügen.

Während Adam Smith noch gemeint hatte, daß die Konkurrenz »universell« sein müsse, präzisierte Walras ein Jahrhundert später, daß sie »rein und vollkommen« zu sein habe. (Es ist wirklich bemerkenswert, daß die Ökonomen die Konkurrenz ausgerechnet zu einer Zeit mit religiösen Epitheta bis hin zu Attributen von Göttlichkeit versahen, als man entdeckte, daß Gott tot sei.) Man muß freilich wissen, daß Walras und die anderen Anhänger der liberalen Orthodoxie in der Konkurrenz bloß ein Modell sahen. Tatsächlich ist die Alltagsökonomie von der »reinen und vollkommenen« Konkurrenz so weit entfernt wie der Mensch von Gott, seinem Modell, entfernt ist. Indessen bleibt noch die Frage zu beantworten, ob die reine Konkurrenz denn überhaupt ein *moralisches* Modell sein könnte.

Bis heute gibt man den Studenten der Wirtschaftswissenschaften Theorien, die die tatsächlichen Mechanismen der kapitalistischen Wirtschaft nicht erklären können.

Die Theorien von Walras und Pareto nahmen zwar alsbald eine beherrschende Stellung in der wirtschaftswissenschaftlichen Literatur ein, insbesondere die Idee von der Preiskonkurrenz, traf aber auch auf Widerspruch, der sowohl ökonomisch als auch politisch und moralisch begründet wurde. So bestritt Dmitriev die Verdienste der Konkurrenz um das Wirtschaftsleben, Chamberlin und Robinson hoben die Bedeutung hervor, die gerade eine unvollkommene Konkurrenz oder gar Monopole und Oligarchien für die Ökonomie besäßen. Der Amerikaner Frank H. Knight wandte sich gegen die Grausamkeit der kapitalistischen Konkurrenz, und Schumpeter, Mises oder Hayek schließlich versuchten, die wirtschaftliche Dynamik realistischer zu beschreiben. Währenddessen setzten marxistische und sozialistische Autoren die kritische Arbeit des Marxschen *Kapitals* fort, betraten dabei allerdings nirgends theoretisches Neuland.

Kurioserweise war es gerade Frank H. Knight, der Ökonom, von dem die beste Definition der reinen und vollkommenen Konkurrenz stammt, der dieses Konkurrenzprinzip einige Jahre später besonders vehement kritisierte. In seinem ersten Buch, das unter dem Titel »Risk, Uncertainty and Profit« erschien, stellte Knight erstmals die notwendigen und hinreichenden Bedingungen einer reinen und vollkommenen Konkurrenz zusammen. Dazu gehörte zuerst die *Atomisierung* – also eine große Zahl von Herstellern und Käufern, damit der Markt nicht durch die Entscheidungen einzelner beeinflußt werden kann. Eine weitere Bedingung ist der *freie Zugang* zum Markt. Niemand darf vom Markt ausgeschlossen sein, Produktion oder Verkauf dürfen keiner Reglementierung unterliegen. Knight zählt weiter die *Homogenität* zu den Voraussetzungen der vollkommenen Konkurrenz. Mit Homogenität ist gemeint, daß alle Unternehmen vergleichbare Waren herstellen und die Konkurrenz so primär über den Preis erfolgt. Weiter gehört zum System der Konkurrenz die *Mobilität* des Kapitals und der Lohnempfänger. Der Angestellte und Arbeiter muß ebenso wie das Kapital ohne Fristen von einem Markt zum anderen wechseln können. Schließlich müsse es zwischen allen Individuen einer Gesellschaft jederzeit eine uneingeschränkte und kostenlose *Kommunikation* geben. Nicht nur die Wirtschaftswissenschaftler wissen, daß all diese Voraussetzungen lediglich in den Lehrbüchern, keineswegs aber in der Realität bestehen.

Ein Jahr nach seiner Doktorarbeit, 1922, machte sich Frank Knight in einem schmalen Werk daran, jene herrschende Wirtschaftstheorie, zu der er selbst gerade erst ein Kapitel beigetragen hatte, einer gründlichen Kritik zu unterziehen. Die Argumente, die Knight gegen die Theorie der freien Konkurrenz auf dem freien Markt anführt, sind heute noch plausibel. Knight stellte *erstens* fest, daß die herrschende Theorie von autonomen Individuen ausging, obwohl unser Individualismus in Wirklichkeit mehr ein »Familiarismus« ist. Die Familie ist zugleich Produktions-, Konsum- und Spareinheit, was heutige Ökonomen mittlerweile berücksichtigen. Zum *zweiten* stellt Knight fest, daß das Individuum in seinen ökonomischen Entscheidungen nicht »frei« sei, weil seine Bedürfnisse durch seine kulturelle Umgebung bestimmt sind. Als *dritten* Einwand formulierte Knight, daß die aktive Konkurrenz zu

Unser Individualismus ist in Wirklichkeit mehr ein »Familiarismus«.

Konzentrationsbewegungen führe, welche die Bedingungen der »Atomisierung« und der uneingeschränkten Mobilität des Kapitals aufheben.
Viertens sei auch die vollständige Kenntnis und
Analyse des Marktes eine Illusion: unvermutete
Preisnachlässe, Sonderverträge und Geheimab-
sprachen machen den Markt, so Knight, undurchsichtig. *Fünftens* setze die Markttransparenz auch
voraus, daß man die Qualität und Haltbarkeit der
Produkte feststellen kann, was tatsächlich aber
kaum möglich ist. *Sechstens* sei der Zugang zum
Markt durch allerlei Absprachen nicht gleich-
mäßig gewährleistet; daraus schließt Knight, daß
man die freie Konkurrenz nicht mit der Freiheit
verwechseln dürfe. *Siebtens* unterstelle die Theorie, daß die Wünsche und Bedürfnisse der Menschen individuell seien und nicht auf andere Individuen und ihre Entscheidung einwirke. Tatsächlich
wollen wir oft etwas besitzen, weil es andere besitzen. *Achtens* macht Knight geltend, daß man für
den Warentausch eine Rechnungseinheit, also Geld
benötige; das aber setzt wiederum eine Kontrolle
der Geldmenge voraus, also mehr oder weniger
eine Kontrolle über den Handelsrahmen, da eine
freie Bank nur ins monetäre Chaos führen könne.
Die Kritik von Frank Knight wurde in der Fachwelt allerdings kaum wahrgenommen und schon
gar nicht diskutiert.
Ein anderer, heute ebenfalls vergessener Kritiker
des Konkurrenzprinzips war der russische Ökonom Vladimir Dmitriev (1868–1913). Seine Studi-
en sind in vieler Hinsicht bemerkenswert, ihre Re-
zeption wurde aber durch seinen frühen Tod nicht

gerade gefördert, und die Ökonomen des Sowjet-
systems begruben ihn sozusagen ein zweites Mal.
Die westlichen Ökonomen, insbesondere Piero
Sraffa, ließen sich zwar von seiner Theorie der Produktionskosten inspirieren, rezipierten aber nicht,
was Dmitriev über den Wettbewerb zwischen Unternehmen geschrieben hatte. Dabei verdienen gerade diese Ausführungen unsere Aufmerksamkeit.
Bereits Mitte des neunzehnten Jahrhunderts hatte
Augustin Cournot dargelegt, warum die Preise in
dem Maß sinken, in dem die Zahl der Konkurrenten steigt – und zwar bis zu dem Punkt, an dem sich
der Preis den Kosten der letzten Produktionseinheit annähert (den Profit eingeschlossen). Warum
verhält es sich so? Stellen wir uns vor, daß der Preis
für ein bestimmtes Produkt wegen unerlaubter Absprachen zur künstlichen Verknappung höher ist,
als er sein müßte. Dieser Zustand ist tatsächlich für
jedermann ein Zustand der Ruhe und Erholung.
Ein Hersteller kann nun aber, trotz der Absprache,
auf die Idee kommen, mehr zu produzieren, um so
eine Zeitlang den Mehrgewinn einzuheimsen. Da
niemand sicher sein kann, daß der andere nicht
ebenso handelt wie er selbst, produzieren am Ende
alle Hersteller mehr, was schließlich
auch die Preise senkt.

**Es darf weder
Lagerhaltung noch
ungenutzte Produk-
tionskapazitäten
geben.**

An diesem Punkt setzt Dmitriev an: Diese Analyse, sagt er, ist nur dann zutreffend, wenn vorausgesetzt wird, daß jeder Hersteller genau das anbietet, was
er produziert. Anders gesagt, es darf
weder Lagerhaltung noch ungenutzte Produktionskapazitäten geben. Denn wenn ein Unternehmen

das Angebot vermehrt, die Konkurrenzunternehmen aber Lagerreserven haben, dann gibt es keinerlei Mehrgewinn für das erste Unternehmen, weil die anderen sofort den Markt mit ihren Produkten überschwemmen werden. In der Wirklichkeit ist die Annahme, daß das Angebot der Produktion entspricht, ganz unrealistisch und widerspricht auch jener Theorie, nach der jedes Unternehmen stets auf der Suche nach dem größtmöglichen Vorteil ist. Da die Hersteller wissen, daß ihre Konkurrenten jederzeit in der Lage sind, bei einer Produktionserhöhung mit ihnen gleichzuziehen, wagen sie es nicht, den Preis ihrer Produkte zu senken. Unter bestimmten Bedingungen kommt es also zwischen den Unternehmen zu einem stillschweigenden Einverständnis über die Preise.

Obwohl also, so Dmitriev, die Preise aufgrund dieses Einverständnisses hoch gehalten werden, können die Profite gleichwohl schwach ausfallen. Die Ursache hierfür liegt in den Nebenkosten, welche die offene oder auch nur hypothetische Konkurrenz nach sich zieht. Denn um für alle Eventualitäten gewappnet zu sein, müssen die Unternehmen entweder Lagerhaltung betreiben, sie müssen Produktionsüberkapazitäten schaffen oder Überschuß produzieren, was bei verderblichen Waren reine Verschwendung wäre. All das sind Mehrkosten, die durch die Konkurrenz entstehen und vom Gewinn abgehen. Eine solche Unternehmenspolitik, meinte Dmitriev, gleicht der Strategie der Überbewaffnung durch die großen Mächte in Friedenszeiten.

Im Resümee seiner Studie fügt Dmitriev der Liste der Mehrkosten noch einen weiteren Punkt hinzu:

die Werbung im weitesten Sinn. Denn die Werbung
führt nicht dazu, daß insgesamt mehr von einem
Produkt verkauft wird, sondern daß ein bestimmter Hersteller auf Kosten der anderen Hersteller
mehr verkauft. Die Werbung ist letztlich nur dann
wirksam, wenn nur einige Hersteller sich ihrer bedienen. Wenn alle Hersteller für ihre Produkte werben, ist es ein Nullsummenspiel. Und dieses Spiel
erhöht nochmals die Kosten eines Produkts und
damit auch seinen Preis.

Dmitriev gesteht durchaus zu, daß der Preis einer
Ware durch Konkurrenz sinkt und die Produktivität durch Konkurrenz eher gesteigert wird im
Vergleich mit einer Monopol-Situation;
das war auch Ricardo und Cournot bewußt. Der Preis pro Einheit, das heißt
die Produktionskosten samt den Nebenkosten aber steigt insgesamt und liegt
höher, als wenn ein Monopol herrscht.

**Die Werbung ist letzt-
lich nur dann wirksam,
wenn nicht alle sich
ihrer bedienen.**

Die Konkurrenz verursacht also Kosten, die nur
zum Teil durch die niedrigeren Preise und den
daraus folgenden Mehrabsatz aufgefangen werden. Zudem sind diese Herstellungskosten (Lagerhaltung, Überkapazitäten, Verschwendung, Werbung) unproduktiv. Monopol, schrieb Dmitriev,
ist für die Volkswirtschaft insgesamt nicht schädlich; denn was den Verbrauchern durch den höheren Preis abgenommen wird, kommt dem Hersteller als besonders hoher Profit zugute; umgekehrt
ist es so, daß in der Konkurrenz das, was der Verbraucher über den reinen Herstellungspreis hinaus
bezahlt, für die Volkswirtschaft verloren ist, weil
sie auf das Konto unproduktiver Ausgaben han-

delt, um Ausgaben also, die in der Summe weder dem Gewinn noch den Verbrauchern zugute kommt.

Dmitriev war kein Marxist, und es schwebten ihm keine staatlichen oder privaten Monopole als Ideallösung vor. Als Theoretiker hatte er vielmehr zeigen wollen, daß auch die Konkurrenz Kosten verursacht und daß diese Kosten nicht unerheblich sind. Vom Zentrum der herrschenden Wirtschaftstheorie aus diagnostizierte er ihre Unstimmigkeiten. Man könnte sicher einwenden, daß heute die Konkurrenz nicht mehr nur über Quantitäten und Preise ausgetragen wird, daß jeder Hersteller alles daran setzt, daß sich seine Produkte von dem des Konkurrenten unterscheiden und daß im Konkurrenzkampf vor allem der Innovation eine entscheidende Bedeutung zukommt. Gleichwohl bleibt Dmitrievs Analyse gültig, sind doch die Herstellungskosten im Lauf des zwanzigsten Jahrhunderts ständig gestiegen – angefangen beim Marketing über die Vervielfachung der Modelle bis hin zur Werbung und zu speziellen Verkaufsaktionen. Wie der russische Ökonom richtig bemerkte, tragen diese zusätzlichen Kosten weder etwas zum Wohl der Verbraucher noch zu dem der Volkswirtschaft bei. Im gleichen Zeitraum sind die reinen Produktionskosten dank des Taylorismus, der Automatisierung und auch aufgrund der Konkurrenzsituation ständig gesunken. So machen heute die Herstellungskosten einen bedeutenden Teil, gelegentlich über die Hälfte des Warenpreises aus. Was heute als Ware verkauft wird, ist

Auch die Konkurrenz verursacht Kosten, und diese Kosten sind nicht unerheblich.

also mehr das Produkt einer Herstellung denn das einer Fabrikation. (Diese immer weiter steigenden Herstellungskosten erklären im übrigen, warum die Arbeitsproduktivität in zahlreichen Sektoren seit etwa fünfzehn Jahren nicht mehr so schnell steigt wie früher, trotz der offensichtlichen Verbesserung der technischen Produktionsanlagen.)

Joseph Schumpeter notiert in seinem 1942 erschienenen Werk »Kapitalismus, Sozialismus und Demokratie«, daß die »wohltätige Konkurrenz« manchmal in einen Kampf bis aufs Messer ausarte. Es komme zu Machtkämpfen, die auf dem Finanzsektor ausgetragen würden. Diese Aktivitäten seien eine Quelle sozialer Vergeudung, hinzu kämen noch, so Schumpeter, die unsichtbaren Lasten der Konkurrenz, etwa die Verhinderung technischer Innovation durch den Wegkauf von Patenten und ähnliches.

Freilich läßt diese Vergeudung die liberalen Gesellschaften ziemlich kalt, denn es geht nicht um den Bedarf des einzelnen. Vielmehr sollen durch künstlichen Mangel mehr oder weniger fiktive Bedürfnisse geschaffen werden, die dann wiederum das Produktions- und Handelssystem rechtfertigen. Abgesehen von einigen eher marginalen Studien, die seinem Werk gewidmet wurden, blieb Dmitrievs Werk folgenlos. Die Ökonomen sind nicht daran interessiert, die sozialen und wirtschaftlichen Kosten der Konkurrenz zu berechnen, sondern studieren statt dessen lieber die Kosten, die durch Monopolstellungen und Subventionen der öffentlichen Hand entstehen, die, wenn man ihnen Glauben schenken soll, beide die kapitalistische Wirtschaft bedrohen.

Dmitrievs Studie hat auch ihren Wert als Beispiel. Sie zeigt, daß in einer freien Wirtschaft die rationale Berechnung jedes einzelnen Faktors insgesamt zu einem unbefriedigenden, ja sogar desaströsen Ergebnis führt, wenn man die gesamtgesellschaftlichen Auswirkungen berücksichtigt. Die Ökonomen haben sich angewöhnt, diese Auswirkungen als »externe Kosten« zu bezeichnen, die auf unerwünschte Nebeneffekte zurückgeführt werden. Diese Effekte sind nun aber keineswegs »extern«. Sie gehören vielmehr wesentlich zu dem System, das sie erst hervorbringt. Das einfachste und jedermann bekannte Beispiel ist das Auto. Jedes Individuum nimmt seinen Wagen, um möglichst rasch und bequem zum Arbeitsplatz oder zum Ferienort zu gelangen. Indem eine große Zahl von Menschen sich so verhält, findet sich jeder am Ende im Stau wieder, was eine gewaltige Verschwendung von Zeit und Energie bedeutet und dabei zusätzlich die Luft verschmutzt.

Die rationale Berechnung jedes einzelnen Faktors führt gesamtgesellschaftlich zu einem desaströsen Ergebnis.

Ähnlich verhält es bei jeder sozialen Handlung und bei jeder wirtschaftlichen Entscheidung. Denn die egoistischen Interessen jedes einzelnen, sei es als Verbraucher oder als Hersteller, sind nunmehr in den Netzen der Konkurrenzlogik gefangen. Im Anschluß an die Fabel von Adam Smith über das Wohlwollen des Metzgers versicherte Malthus, daß wir gerade dem engherzigen persönlichen Interesse die edelsten Hervorbringungen des menschlichen Geistes verdanken, und alles, was die Zivilisation von der Wildnis unterscheidet. Heute ist es aber gerade das von der Konkurrenzgesellschaft zugleich übersteigerte und verratene Eigeninteresse, das uns von der Zivilisation in den Naturzustand zurückzuführen droht.

Das Konzept der reinen und vollkommenen Konkurrenz wurde niemals von allen Ökonomen gutgeheißen. Denn dieses auf Preise und Produktmengen begründete System des Gleichgewichts blendet alles aus, was diesem Gleichgewicht vorausgeht und es überhaupt ermöglicht: die Investitionsentscheidung, die Art und Weise der Produktion und nicht zuletzt die Werbung. Kurz, das Konzept der Konkurrenz beschreibt in keiner Weise das tatsächliche Wirtschaftsgeschehen, weil es die Entscheidungen der Akteure außer acht läßt. Das stellten sowohl Mises als auch Hayek und Schumpeter fest und das eröffnete ihnen einen Blick, der nicht von der herrschenden Ökonomie verstellt war. In den Augen dieser ökonomischen Bilderstürmer spielte der Unternehmer die wichtigste Rolle, weil er mit kühnen Entscheidungen den normalen Gang der Geschäfte unterbrechen und den Markt aus dem Gleichgewicht bringen kann. Schumpeter betrachtete das Wirtschaftsleben als ein kreatives Zerstörungswerk, in dem eine neue Technologie die nächste jagt und neue Materialien die bis dahin gängigen Stoffe ablösen.

Setzt man im Konkurrenzkampf den Akzent also auf die Effizienz und die Innovation, dann ändern sich auch die Prämissen, unter denen gewirtschaftet wird. Damit ein Unternehmen wettbewerbs-

Das Konzept der Konkurrenz beschreibt in keiner Weise das tatsächliche Wirtschaftsgeschehen, weil es die Entscheidungen der Akteure außer acht läßt.

fähig ist, muß es nun vor allem mächtig werden und eine bestimmte Größe erreichen. Natürlich ist dann von möglichst vielen Anbietern und Käufern, wie sie die reine Theorie des Marktes vorsieht, nicht mehr die Rede. Auf dem Markt hat man es auch nur noch mit einigen wenigen oder gar mit gar keinem Konkurrenten mehr zu tun. Das real existierende Monopol, das von Walras und anderen neoklassischen Theoretikern als große Gefahr betrachtet wurde, ist also jederzeit möglich, beweist es doch gerade die größere Effizienz eines Unternehmens. So verschwindet also die Konkurrenz als Konfrontation auf einem Markt gleichwertiger Güter. Es zählen nur noch die »Wettbewerbsvorteile«. Ob diese allerdings durch Innovation, durch Absprachen oder durch Betrügerei erzielt werden, ist nebensächlich – eine Tatsache, die die Vertreter der östererreichischen Schule nicht erwähnen. Und sie sagen auch nicht, wie die Freiheit des Konsumenten angesichts von Organisationen zu schützen sei, die ihnen dank ihrem mächtigen Verkaufsnetz und ihrem Wettbewerbswissen die Waren mehr oder weniger aufzwingen können.

Aber wie immer hinkte die Theorie ohnehin hinterher. Die Werke der österreichischen Schule wurden zwischen den Weltkriegen geschrieben, in einer Epoche, da die Rolle des Unternehmers, verglichen mit dem Höhepunkt einige Jahre zuvor schon an Bedeutung verlor. Es ist vor allem der Grad seiner Macht, die interne Zusammenarbeit verschiedener Talente und die Beliebtheit der Produkte bei den

Das real existierende Monopol beweist die größere Effizienz eines Unternehmens.

Kunden, die einem Unternehmen tatsächlich Wettbewerbsvorteile verschaffen. Zumindest in den Vereinigten Staaten herrschte damals der bürokratische Kapitalismus, dessen Erfolg und Niedergang nach 1945 Galbraith beschrieben hat. Das Risiko, das ein einzelner mittelständischer Unternehmer einzugehen bereit ist, vermag gegen Organisationen wie *Ford*, *AT&T* oder *Unilever* nichts auszurichten. Erst dem japanischen System, das auf ideale Weise Macht mit Innovation und Konkurrenz mit Absprache zu verknüpfen verstand, sollte es gelingen, einige Breschen in das westliche Oligopol zu schlagen.

Nach Karl Polanyi und Fernand Braudel ist es gerade die Kunst des Risikos, die den modernen Kapitalismus von der Ökonomie des traditionellen Handels unterscheidet. Beim traditionellen Wirtschaften gab es auf der einen Seite einen lokalen Markt, wo zwischen den Händlern und Handwerkern einer Stadt eine risikoarme Konkurrenz herrschte; auf der anderen Seite stellte sich der Fernhandel, der kaum Konkurrenz kannte, als ein Risiko dar, das Reeder und Großhändler eingingen. Den ersten großen Kapitalisten, vom fünfzehnten bis zum achtzehnten Jahrhundert, den Venezianern, den Florentinern und schließlich den Holländern und Engländern, war vor allem daran gelegen, jede Konkurrenz zu vermeiden. Sie gingen vielmehr ein anderes Risiko ein, indem sie mit enormem Gewinn Schleichhandel betrieben. Auch die ersten englischen Industriellen, die in der Regel nicht der Großhändlerschaft entstammten, gingen unberechenbare Risiken ein, indem sie neue

Märkte schufen; Risiken, an denen viele scheiterten. Hierin stimmt die österreichische Schule mit Braudel überein: Der Frühkapitalismus beruhte vor allem auf der Undurchsichtigkeit des Marktes, auf Mut und Spekulation – nicht jedoch auf der Marktkonkurrenz.

Heute liegen die Dinge anders. Da die Märkte, selbst die heikelsten, bereits weitgehend erschlossen sind, muß jeder Konkurrent ein neues Bedürfnis erfinden und eine neue Nachfrage stimulieren. Wem dies gelingt, der hat tatsächlich einen entscheidenden Wettbewerbsvorteil, gleichgültig, ob es sich um ein junges, aufstrebendes Unternehmen handelt oder um etablierte multinationale Firmen. Dabei muß jedes Unternehmen den Lebensstil der Individuen genau beobachten, um ihnen immer wieder etwas anbieten zu können. So trägt die Konkurrenz auch dazu bei, die soziale Kontrolle über die Individuen zu verstärken.

Die Konkurrenz verstärkt die soziale Kontrolle über die Individuen.

In diesem neuen Zusammenhang hat sich auch das »Risiko« des Unternehmers gewandelt. Einerseits ist es häufig sozialisiert, denn die Erschließung eines neuen Marktes erfordert Kapitalmittel, die der einzelne gar nicht aufbringen kann. Zum anderen ist das Risiko langfristig kalkuliert, denn neue Produkte werden nur noch nach langen Verbrauchertests auf den Markt gebracht, was freilich in keiner Weise ein Scheitern ausschließt. Kurz, die Risikobereitschaft ist nicht mehr der Hauptmotor des Profits und des ökonomischen »Fortschritts«. Sie ist viel-

Die Risikobereitschaft ist nicht mehr der Hauptmotor des Profits und des ökonomischen »Fortschritts«.

mehr Bestandteil einer Wettbewerbsstrategie geworden, die durchaus darauf hinauslaufen kann,
daß bestimmte Unternehmen kein Risiko einge-
hen. Manche Strategen meinen, den
größten Profit mache man, indem man
die anderen die Anfängerfehler machen
lasse.

Den größten Profit macht man, indem man die anderen die Anfängerfehler machen läßt.

Auf der anderen Seite sind die lokalen
Märkte erheblich risikoreicher geworden, weil sie voll von den Großunternehmen erschlossen und geformt sind. Sie sind risi-
koreich und zudem eminent konkurrenzbetont,
wie jeder kleine Unternehmer oder Händler bestätigen kann. Er weiß, daß es ihn genauso wie seine Angestellten heute oder morgen treffen kann.
Mit den neuen Informationstechniken erfuhren
insbesondere die Finanzmärkte seit dem Ende der
siebziger Jahre einen großen Entwicklungsschub.
In diesen Jahren, die für viele schwierig waren,
wurden das Risiko und die Risikobereitschaft für
einige plötzlich wieder wichtig. »Unternehmer« im
Sinn von Schumpeter oder Kirzner konnten jetzt in
weit größerem Umfang mit Währungen, Optionen
und Aktien spekulieren. Man konnte viel riskieren
und noch mehr gewinnen. In den meisten Fällen
setzten diese neuen Spieler Geld aufs Spiel, das ihnen nicht gehörte: das Geld von Versicherungsneh-
mern, Rentnern oder Banken. So konnten sie nahezu ungestraft spekulieren.
Mit dieser Art der Spekulation im großen Maßstab
und mit dem weltweit ausgetragenen Wettlauf um
Gewinne schuf die Ökonomie der Sensationen ein
vielbewundertes Schauspiel. Bald aber sollten die

Satellitenmakler und weißen Ritter der Börse zur
Markträson gebracht werden. Denn sie mögen so
hochmütig sein, wie sie wollen: das Fundament der
modernen Ökonomie ist nicht das Risiko oder das
Talent, sondern die Konkurrenz, in der Theorie
wie in der Praxis. Im folgenden wenden wir uns
deshalb der Frage zu, was sich hinter den Begriffen
vom »Markt« und der »Marktwirtschaft« verbirgt.

4. Der Markt wird selbst zur Ware

»Wir leben in einer Epoche, in der die Menschen, welches auch immer ihre sozialen und politischen Vorlieben seien, vor allem nach Ruhe streben, in der der Konkurrent als Störenfried empfunden wird, in der Originalität als beunruhigend gilt, und in der, um die biblische Parabel ein wenig abzuwandeln, der Gutmütige den Gutmütigen stützt.«

(John K. Galbraith)

Fragt man einen kleinen Unternehmer, was für ihn der »Markt« sei, so wird er von seinen Produkten und denen seiner Konkurrenten erzählen, von seinen Auftragsbüchern oder von Zahlungsrückständen, die ihm die Luft abschnüren. Stellt man dieselbe Frage einem Berufsökonomen, ist er zunächst einmal überrascht. Dann wird er allgemein über Handelsbeziehungen, die freie Wirtschaft oder über das Band zwischen Verbraucher und Hersteller reden ... Tatsächlich aber kann niemand definieren, was ein Markt ist. Alle Welt benutzt den Begriff der Marktwirtschaft, manche, um ihn zu beweihräuchern, andere, um ihn zu diskreditieren, aber es gibt einfach keine Definition des Begriffes »Markt«. Die meisten Wirtschaftswörterbücher ziehen sich aus der Affäre, indem sie mehrere Definitionen anbieten, die jeweils einen anderen Zugang zum Begriff des Marktes eröffnen; sie zerlegen also den »Markt« in einen

Tatsächlich kann niemand definieren, was ein Markt ist.

Finanzmarkt, einen Markt der Termingeschäfte und andere mehr.

»The New Palgrave«, das Wirtschaftswörterbuch, das derzeit die höchste Autorität genießt, enthält zwar einen Artikel über »Marktstrukturen«, nicht aber über den »Markt«. Häufig wird auch gar nicht unterschieden zwischen Marktwirtschaft und Markt. Die Autoren eines neueren Handbuchs machen immerhin einen Definititionsversuch, der allerdings recht vage ausfällt. Ein Markt, so schreiben sie, sei die Gesamteinheit der Einrichtungen, mit deren Hilfe Käufer und Verkäufer in Kontakt kommen, um Güter oder Dienstleistungen zu tauschen. Sie präzisieren ihre Definition zwar dahingehend, daß diese Einrichtungen auch über die Verwendung und den Einsatz der Ressourcen entscheiden; sie hüten sich aber, im selben Zug zu sagen, daß diese Einrichtungen darüber hinaus auch über die Bedürfnisse bestimmen. In der Wirtschaftsrhetorik gehen Konkurrenz und Markt Hand in Hand. Deshalb sagt man, daß die Konkurrenz den Markt schafft und der Markt die Konkurrenz hervorbringt. Dieser Zirkelschluß, an dem sich niemand stört, hat allerdings schwerwiegende Folgen.

Darüber kann man mehr erfahren, wenn man das Gespräch mit dem kleinen Unternehmer oder dem Wirtschaftsfachmann ein wenig fortspinnt. Im Verlauf eines solchen Gesprächs taucht unfehlbar irgendwann jene Bedeutungsvariante auf, wonach der Markt als Ort der Transaktionen aufgefaßt wird. Der große Léon Walras selbst meinte schließlich, daß der Markt ein Ort sei, an dem der Tausch

stattfinde. Auch das Handbuch, das wir oben er-
wähnten, gibt nach der Marktdefinition als Beispiele den »lokalen Obstmarkt« oder den Viehmarkt an. Beim Wort »Markt« denkt jeder vage an
den Wochenmarkt oder auch an einen Flohmarkt.
Das sind tatsächlich Orte, an denen Transaktionen
frei vorgenommen werden und wo, nach Steuart,
die doppelte Konkurrenz zwischen Verkäufern und
Käufern wirklich zum Tragen kommt, wo man die
Preise verhandeln kann, etwa wie in den arabi-
schen »souks«. An diesen vagen Assoziationen um
das Wort Markt kann man ablesen, daß der Begriff
und unsere Vorstellungen von dem, was
er bedeutet, noch Gefangene der Geschichte sind.

Man muß sich deshalb vor Augen halten, daß auf dem mittelalterlichen
Markt genaue Regeln herrschten. Nur
an Markttagen durften Waren ge- und
verkauft werden, es war streng verboten, außerhalb der Stadtmauern oder heimlich zu kaufen
oder ein Geschäft abzuschließen, von dem die Allgemeinheit nichts wußte. Einheit der Zeit und des
Ortes also, aber auch Einheit der Handlung, denn
die meisten Märkte waren auf bestimmte Waren
spezialisiert; wichtige Einzelmärkte, neben dem
Viehmarkt, waren die Leinen- und Seidenmärkte.
Jürgen Habermas hat darauf aufmerksam gemacht, daß auf den frühen Märkten und Messen
der Gebrauchswert einer Sache und die Preise Gegenstand rhetorischer Debatten waren, in denen
Ähnlichkeiten und Vergleiche eine bedeutende
Rolle spielten. Die Märkte garantierten ein be-

Man muß sich vor Augen halten, daß auf dem mittelalterlichen Markt genaue Regeln herrschten.

stimmtes Maß an Transparenz, eine Art Preis- und Qualitätsöffentlichkeit. Auch das theoretische Konstrukt von Léon Walras sah bekanntlich einen Kommissar vor, der öffentlich das Gleichgewicht zwischen Angebot und Nachfrage zu beaufsichtigen hatte.

In der Wirtschaftsgeschichte kann man daneben gleichzeitig auch eine Tradition der Undurchsichtigkeit, der Geheimgeschäfte, der Tricks und der arrangierten Märkte ausmachen. Bald wurde neben der Konkurrenz auch das Risiko ein Faktor im Wirtschaftsleben. Die mittelalterlichen Märkte und Messen verschwanden allmählich in dem Maß, in dem internationale Handelsgesellschaften auf den Plan traten. Schon mit den italienischen Bankiers- und Handelsfamilien des fünfzehnten Jahrhunderts und den großen Reedern aus Genua oder Portugal beginnt der Markt, sich zu verändern; immer weniger ist er ein Ort des Zusammentreffens und der Tauschhandlungen. Die Kunst der Finanziers und der Händler bestand darin, den Markt zu überholen. Man wurde vermögend, indem man die Regeln brach oder dem Markt seine eigenen Gesetze aufzwang.

Die Wirtschaftsgeschichte läßt sich mit einem Akkordeon vergleichen: Perioden mehr oder weniger offener Konkurrenz wechseln sich mit Zeiten ab, in denen Piraterie, Absprachen oder Monopole vorherrschen. Heute ist der Markt jedenfalls kein Ort von Transaktionen mehr. Er erscheint vielmehr auch in seinen Umrissen als gegeben und unveränderlich. Der Kauf selbst wird wohl kaum mehr als Tauschhandlung begriffen. Trotz allem aber fasziniert der Markt nach wie vor, weil er zugleich allgegenwärtig, ungreifbar und undurchsichtig ist. Vor allem aber umgibt ihn, unbeschadet einiger Unvollkommenheiten, der Geruch der Freiheit. Was aber ist der Markt denn heute wirklich? Und vor allem, was bedeutet der »Markt« denen, die an den Hebeln der Wirtschaft sitzen? Soviel sei gesagt, bevor wir ein wenig ausholen: Der Markt ist selbst zu einer Ware wie jede andere geworden.

Die Begriffsverwirrung ist im Fall des »Marktes« so weit gediehen, daß man mindestens vier Bedeutungen unterscheiden kann. Der Markt ist erstens ein Ort des Gütertauschs, er kann aber zweitens auch ein theoretisches Objekt der Wirtschaftswissenschaft sein, es kann sich mit ihm aber drittens auch ein Gesellschaftsbegriff verbinden und viertens schließlich stellt der Markt auch einen Modus des Tausches dar. Alle diese Definitionszweige, so interessant sie auch sein mögen, scheinen doch wenig mit der wirklichen Wirtschaft zu tun zu haben, die mehr denn je ein Machtsystem und eine Art der sozialen Organisation ist. Die oben aufgeführten Definitionen versagen zudem angesichts des außergewöhnlichen Vormarschs jener Marktwissenschaft, die man Marketing nennt und die den Verbrauchern mit sämtlichen Erfassungstechniken auf der Spur ist: mit Studien, Tests, Werbung, Sonderangeboten, Befragungen und vielem anderen mehr. Der »Markt« ist nichts Spontanes, keine Übung in Freiheit, und er ist auch kein Produkt von Bündnissen; der Markt von heute ähnelt mehr einer wissenschaftlichen Konstruktion, deren Architekten mit Sicherheit nicht die Verbraucher sind.

Es ist merkwürdig, daß dieser Markt Verwerfungen aufweist und Brüche, die sich wie Erinnerungslücken ausnehmen. Der Markt ist nicht da, wo man ihn erwartet, sondern da, wo man nicht mit ihm rechnet. Denn was soll man von einer »Markt«wirtschaft halten, die den vitalsten Bedürfnissen nicht recht zu entsprechen vermag? Das zu erwarten, hieße wohl, einer Marktillusion aufzusitzen. Und genau da stehen wir nun. Der Markt bietet spontan keineswegs ein zufriedenstellendes Angebot für die zentrale Nachfrage nach Nahrung, Wohnen, nach Verkehrsmitteln, nach medizinischer Versorgung, Wärme und Sicherheit an. Anders als es die Theorie will, kann von einer Selbstregulierung keine Rede sein.

Der Markt bietet spontan keineswegs ein zufriedenstellendes Angebot für die zentrale Nachfrage nach Nahrung, Wohnen, nach Verkehrsmitteln, nach medizinischer Versorgung, Wärme und Schutz an.

Wie sieht der Markt für Nahrung aus? Solange die Städte auf die Jahresernte angewiesen waren, herrschten Hungersnöte und Spekulation. Aus diesem Grund gab es hier und da Stellen, die damit beauftragt waren, die Preise zu kontrollieren und einen Teil der Ernte auf Vorrat zu halten, damit man gewappnet sei gegen das, was eine stets prekäre Zukunft bringen mochte. Und es gilt bis heute: Wenn man den Getreidemarkt vollständig liberalisierte, wäre nahezu die gesamte Weltproduktion auf einige Regionen konzentriert, in denen sich Getreide besonders leicht anbauen läßt: in Australien, Argentinien, in Nordamerika und in einigen europäischen Landstrichen. Ein Schädlingsbefall oder ein Klimawechsel in diesen Regionen wäre verheerend für die ganze Welt. Denn es ist zwar möglich, Zahnbürsten oder selbst Bücher in wenigen Tagen zu produzieren, Getreide aber nicht einmal in mehreren Wochen. Deshalb wird der Markt der landwirtschaftlichen Produkte bis heute gesteuert, und deshalb auch werden die Subventionen für die Landwirtschaft nicht abgeschafft.

Und wie steht es mit dem Wohnen? Auch hier bietet die Marktwirtschaft den Bedürfnissen, die sie selbst mitgeschaffen hat, nichts Angemessenes. Die Landflucht, die zum großen Teil durch die Wirtschaftsentwicklung hervorgerufen wurde, hat das Band zwischen dem Menschen und seiner »natürlichen« Wohnstätte zerschnitten. Heute gibt es kaum einen Staat, der nicht auf die eine oder andere Weise den Bau von Wohnungen oder das Wohnen selbst fördert, ausgenommen die Vereinigten Staaten. Der »freie« Markt dagegen ist mit Mietshäusern befaßt, die Rendite erzielen müssen, mit Ferienhäusern oder mit Büroräumen. Er dient einfach nur seinen besten Dienern.

Und wie steht es bei Heizung und Verkehrsmitteln? Die Energie ist geradezu ein Schulbeispiel. Unser Wirtschaften steht und fällt mit einem hemmungslosen Energieverbrauch; das Wort vom »schwarzen Gold« bezeichnet ganz richtig die Bedeutung des Öls für die moderne Wirtschaft. Die Staaten, die es sich erlauben können, führen notfalls Krieg um das Öl und den Ölmarkt. Keine Spur also von Selbstregulierung.

Und die Sicherheit? Ultraliberale Ökonomen haben schon vorgeschlagen, ganze Straßen und Viertel zu privatisieren. Jede Anwohnerschaft könnte dann eine eigene Miliz ins Leben rufen oder sich bezahlte Polizisten leihen oder einfach Straßengangs, die sich zum Schutz des Bürgers bekehrt haben. Dieses Experiment hat freilich bislang noch keine Gemeinde in den liberalen Ländern verlockt.

Allein also vermag der Markt nicht die elementarsten Bedürfnisse aller Bürger zu befriedigen. Und es ist hier von Bedürfnissen die Rede, die der Markt selbst maßgeblich verändert und modelliert hat. Der Markt kann aber auch nicht den technischen Fortschritt gewährleisten, der doch überlebenswichtig ist. Er allein ist nicht in der Lage, die enormen Summen aufzubringen, die für Grundlagen- und angewandte Forschung notwendig sind, ohne die wiederum neue Produkte und Fertigungsverfahren nicht denkbar sind. Ob es nun um die Landesverteidigung und die Sicherheit geht, um Telekommunikation, um elektronische Medien oder um die Landwirtschaft, überall hilft die öffentliche Hand durch Subventionen oder eigene Forschungsanstalten den privaten Unternehmen bei der Innovation – von der Infrastruktur ganz abgesehen. Bleibt die Frage, ob die Individuen eines Tages vielleicht genug davon haben, mit ihrem Geld jenen »militärisch-industriellen Komplex«, wie der amerikanische Präsident Eisenhower ihn nannte, zu stützen und dazu noch den »finanzindustriellen« Komplex, die heute beide zusammen die Weltgeschäfte beherrschen.

Einen Markt lieben die liberalen Ökonomen übrigens ganz besonders, und das ist der Finanzmarkt.

Der Markt kann aber auch nicht den technischen Fortschritt gewährleisten, der doch überlebenswichtig ist.

Wenigstens an der Börse werden die Regeln der neoklassischen Theorie in etwa befolgt. Hier haben wir tatsächlich einen freien Markt, der die Preisfindung dem Spiel von Angebot und Nachfrage überläßt. Es gibt auch ausreichend Käufer und Verkäufer, auch wenn die Transparenz dieses Marktes nicht ganz so ausfällt, wie man sich das wünschen müßte. Zwar können einige besonders mächtige Anleger mit ihrem Verhalten und ihren Entscheidungen die Preise beeinflussen, und einige Zentralbanken tun dies ja auch, aber insgesamt entspricht der Kapitalmarkt recht gut den Gleichgewichtskriterien der Konkurrenz.

Das ist sicher auch der Grund, warum die Wirtschaftswissenschaft in den letzten Jahren gerade bei der Analyse dieser Märkte große Fortschritte gemacht hat – mit höchst raffinierten Modellen aller Art über die Schwankungen und Trends der Nachfrage oder über rationelle Antizipation. Pech für die Wirtschaftswissenschaft, daß die anderen Märkte noch nicht den Finanzmärkten gleichen. Denn womit auf den anderen Märkten gehandelt wird, ist nicht immateriell wie der Dollar oder die Zinssätze, und die Transaktionen sind in aller Regel auch nicht rückgängig zu machen. Im Gegensatz zum Kapitalmarkt, der es bloß mit elektronischen Zeichen zu tun hat, geht es auf den Güter- und Dienstleistungsmärkten noch um Menschen und ihre realen Bedürfnisse, was sicher eine leidige, aber nicht zu ändernde Tatsache ist.

Manche Politiker kritisieren immer noch den Kapitalismus und verfassen gleichzeitig Elogen auf die Marktwirtschaft.

Manche Politiker kritisieren immer noch den Kapitalismus und verfassen gleichzeitig Elogen auf die

Marktwirtschaft. Ohne es zu ahnen, folgen sie damit unter anderem Josef Stalin persönlich. In seinem letzten Werk über die Wirtschaftsprobleme des Sozialismus aus dem Jahr 1952 gestand der »Vater aller Völker« zaghaft ein, daß es objektive, zeitlose Handelsgesetze gebe, die man auch im Sozialismus zu respektieren habe, während er den Kapitalismus nur mit der Erfindung der Lohnempfänger, mit den Großunternehmen und dem Mehrwert gleichsetzte. Und Papst Johannes Paul II. nahm in seiner Enzyklika »Centesimus Annus« in etwa dieselbe Unterscheidung vor. Er rehabilitierte den Markt, den Handel und den Profit, um dann den wilden Kapitalismus um so schärfer geißeln zu können. Er rief sogar die ärmsten Länder dazu auf, ihre Märkte dem internationalen Handel zu öffnen.

Selbst wenn es irgendeinen Sinn haben sollte, Kapitalismus und Markt getrennt voneinander zu betrachten – woran man zweifeln darf, weil beide ineinander übergehen –: Muß man dann nicht (gegen Stalin und den Papst) den Spieß umdrehen? Muß man nicht hypothetisch davon ausgehen, daß der Kapitalismus ein notwendiges Übel ist, das es in den unterschiedlichsten Formen seit unvordenklichen Zeiten gibt, während der Weltmarkt eine erst wenige Jahrhunderte alte Schöpfung ist, deren positive wie negative Wirkung auf die Menschen erst einmal ermittelt werden müßte?

In seinem 1944 erschienenen Werk *Die große Transformation* zeichnet der österreichische Ökonom Karl Polanyi nach, wie es dem Kapitalismus im Verlauf des neunzehnten Jahrhunderts gelang, den sich selbst regulierenden Markt zu einem vorrangigen Element des Wirtschaftslebens und damit auch des sozialen Lebens werden zu lassen, indem er das Eigeninteresse in den Mittelpunkt aller menschlichen Handlungen stellte. Nach und nach verleibte der Markt sich die Gesamtheit der industriellen Faktoren ein: den Boden, das Geld, die Arbeitskraft. Polanyi führt aus, daß es mit der zunehmenden Komplexität der industriellen Produktion immer mehr Elemente gab, deren Lieferung gewährleistet sein mußte. Drei dieser Elemente waren natürlich besonders wichtig: die Arbeitskraft, der Grund und Boden sowie schließlich das Geld. In einer handeltreibenden Gesellschaft konnte das Angebot nur auf eine Art und Weise organisiert werden: Man mußte, so Polanyi, diese Dinge kaufen können. Man mußte also den Grund und Boden, das Geld und die Arbeitskraft so organisieren, daß man sie wie eine Ware auf dem Markt kaufen konnte.

Der Grund und Boden, das Geld und die menschliche Arbeitskraft können nicht als Waren im engeren Sinn bezeichnet werden, denn keines dieser drei Dinge wurde für den Verkauf produziert.

Es sei offensichtlich, so Polanyi, daß der Grund und Boden, das Geld und die menschliche Arbeitskraft nicht als Waren im engeren Sinn bezeichnet werden können, denn keines dieser drei Dinge wurde für den Verkauf produziert. Es handelt sich also um fiktive Waren. Aber nichtsdestoweniger werden mit Hilfe dieser Fiktion der Arbeits-, der Geld- und der Bodenmarkt in der Wirklichkeit organisiert. Diese Güter werden also wirklich auf dem Markt gekauft und verkauft, Angebot und Nachfrage sind für diese Elemente reale Größen.

Und jede Politik, welche die Herausbildung dieser Märkte behinderte, setzte automatisch die Selbstregulierung des Systems aufs Spiel. Das zu Ende gehende zwanzigste Jahrhundert hat diese Diagnose nicht nur bestätigt, sondern es erlebt mit, wie sich das Reich der Waren noch weiter ausdehnt. Eine weitere Transformation hat stattgefunden, die ebenso radikal war wie die erste. Denn in den vergangenen fünfzig Jahren ist es dem kapitalistischen System gelungen, auch aus der Zeit, dem menschlichen Körper und schließlich aus dem Markt selbst eine Ware zu machen. Natürlich handelt es sich hier um fiktive Waren, aber ihr Handel erfolgt ohne weiteres nach den gängigen Regeln von Angebot und Nachfrage. So gibt es tatsächlich einen Zeitmarkt, einen Markt der Körper und nicht zuletzt einen Markt der Märkte.

Die Behauptung, daß der Markt selbst eine Ware geworden sei, bedeutet zunächst, daß man Märkte ebenso kaufen und verkaufen kann wie Grund und Boden, wie Geld oder menschliche Arbeitskraft. Und sehr oft kann man einen Markt auch »produzieren«, genauso, wie man Brot oder andere Waren auch herstellt. Den Markt als Ware zu definieren erscheint einigermaßen paradox, aber eine solche Definition entspricht den wirtschaftlichen Realitäten mit Sicherheit mehr als die Vorstellung vom Markt als einem Ort des Austauschs und der Verträge. Man mag sich einmal fragen, was der Käufer eigentlich erhält, wenn eine große multinationale Unternehmensgruppe sich von einer strategisch nicht bedeutsamen Aktivität trennt und diese verkauft. Allem Anschein nach wird zunächst einmal eine Produktionseinheit, eine Fabrik, verkauft, und damit verbunden ein spezifisches Wissen, bestimmte Produktmarken und ein Verkaufsnetz. Das alles aber wäre nicht viel wert, wenn mit der Produktionseinheit nicht auch übernahmebereit etwas anderes mit verkauft würde: ein Stück des Marktes.

Was den Käufer einer Fabrik oder eines ganzen Unternehmens interessiert, ist vor allem der »fertige« Markt. Da es in allen Wirtschaftsbereichen sehr schwierig und darüber hinaus kostspielig geworden ist, gegen die großen Unternehmen ein Marktsegment einzurichten, ist es in der Regel vorteilhafter, ein solches Segment einfach zu kaufen. Das bezeichnet man dann als externes Wachstum, im Gegensatz zum internen Wachstum.

Während der großen Fusions- und Aquisitionswelle in den achtziger Jahren stiegen die Preise für solche Marktsegmente steil an; diesen Mehrpreis, den Käufer aufzubringen hatten, nannte man »goodwill«. Unter »goodwill« versteht man im allgemeinen jene nichtgegenständlichen Faktoren, die wesentlichen Anteil an den zu erwartenden Gewinnen haben. Zu solchen Elementen rechnet man in der Regel das »image« einer Marke, den Ruf eines Unternehmens und spezielles technisches Wissen. Der Terminus des »Images« verbirgt allerdings nur recht notdürftig, was man da sehr teuer einkauft: Es sind die Konsumenten. Wenn man feststellt, daß der Markt eine Ware ist, dann sagt man damit auch, daß die Verbraucher als

Wenn einige Millionen Hausfrauen ein bestimmtes Waschmittel kaufen, werden diese Frauen bei einer Übernahme oder dem Verkauf der Marke als Teil des Marktes mit verkauft.

Verbraucher ebenso ge- und verkauft werden wie Produktionseinheiten oder eine Marke. Wenn einige Millionen Hausfrauen ein bestimmtes Waschmittel kaufen, werden diese Frauen bei einer Übernahme oder dem Verkauf der Marke als Teil des Marktes mit verkauft.

Nichts illustriert die Tatsache, daß der Markt zur Ware geworden ist, deutlicher als die Presse und das Fernsehen. Der Verkauf der Kunden vollzieht sich hier in Echtzeit und ist zum eigentlichen Geschäft der Presseunternehmen geworden. Denn was ist eine Zeitung heute? Eine Leser- bzw. Konsumenten-Gruppe, die man an die Anzeigenkunden verkauft. Man verleiht einen Teil des Marktes für die Zeit einer Sendung oder der Zeitungslektüre. Die Show stellt sich dabei in den Dienst der Ware und die Ware in den Dienst der Show. Das gilt insbesondere für die spezialisierte Presse und das Fernsehen, aber in einem bestimmten Maße, auch für die allgemeine Presse.

Bevor Presseunternehmen eine Zeitung oder Zeitschrift lancieren, versuchen sie zunächst einmal, einen Lesermarkt auszuschneiden, um ihn dann jenen Unternehmen zu »überlassen«, die in diesem Segment werben wollen. Will man also ein Magazin herausbringen, kauft man möglichst Konkurrenzblätter oder auch nur deren Abonnentenkartei auf. Im letzten Fall wird die Absicht nicht einmal mehr ansatzweise verschleiert: Wertvoll ist nicht der Titel oder die Redaktion, sondern nur der Marktanteil, den sich das Blatt im Lauf der Jahre erarbeitet hat. Abgesehen von einigen marginalen Abenteuern, ist auch die angebliche »Rückkehr zum Leser«, die von einigen Presseunternehmern verkündet wird, nichts anderes als der Versuch, die schwindende Leserschaft besser an sich zu binden, um sie dann schließlich doch noch gewinnbringend an die verkaufen zu können, die diesen Markt für ihre Zwecke nutzen wollen. Was die Fernsehsender angeht, so besteht ihr wirkliches Anliegen darin, Zuschauer zu gewinnen, die dann in der Sendung selbst an die Werbekunden verkauft werden. Das geht bis hin zum »Tele-Shopping«, bei dem Bild, Ware und Werbung ineinandergeblendet sind.

Das wirkliche Anliegen der Fernsehsender besteht darin, Zuschauer zu gewinnen, die dann in der Sendung selbst an die Werbekunden verkauft werden.

Für die Presse gilt das gleiche wie für Toaster, für Parfums oder für tiefgefrorenen Fisch. Der Chef eines Magazins weiß sehr wohl, wie er tausend neue Abonnenten gewinnen kann: mit Preisnachlässen, mit Abo-Geschenken und vierfachem Mailing; er weiß auch, wie gut sich diese neugewonnene Klientel an die Anzeigenkunden weiterverkaufen läßt. Gleiches gilt für die Industrie. Der Marketing-Direktor eines Unternehmens kann ungefähr abschätzen, wieviel er in Werbung und Sonderangebote zu investieren hat, um ein weiteres Prozent jenes Marktes zu »kaufen«, auf dem er tätig ist. Häufig lassen die Unternehmen auch die Finger davon, weil der zu erwartende Gewinn gar nicht die Kosten für den Kauf dieses Marktsegments decken würde.

»Den Marktanteil zu halten« ist die tägliche Sorge der Unternehmensleitung. Und aus dieser Sorge ergibt sich alles übrige. Ob es sich um große Bauvorhaben, um Maschinenparks oder um Tauschgüter handelt: um den Marktanteil zu halten, greifen manche auch zu kriminellen Methoden, indem sie erpressen oder bestechen. Bei den Verbrauchsgütern geht die Kontrolle über die Vertriebswege einher mit einer Kontrolle der Verbraucher, und zwar über die Werbung und das Marketing. Der Markt als Ort des freien Tauschgeschäfts existiert hier gar nicht; es gibt nur mehr oder weniger kontrollierte Märkte, die mal mehr, mal weniger offen sind.

Einige japanische Unternehmen »belasteten« sich in ihren besten Zeiten gar nicht erst mit Marktforschung. Sie versuchten nicht, den Markt auszumachen, den sie mit einem bestimmten Produkt gewinnen konnten, sondern beschlossen, daß sie in drei Jahren zum Beispiel fünfzehn Prozent des Weltmarktes für Kassettenrecorder besitzen wollten. Dazu legten sie die Preise genau so fest, daß sie mit ihrer Hilfe die Verbraucher »erobern« konnten. Gleichzeitig stimmten sie ihre Handelsstrategie, also Werbung, Verkaufsnetz etc., sowie das Produkt ab. Häufig war diese Strategie erfolgreich.

»Einen hungrigen Mann muß man nicht erst daran erinnern, daß er essen soll.«

Die aktuellen Lehrbücher unterscheiden freilich noch zwischen Herstellung und Verkauf. Tatsächlich verkauft ein Unternehmen eine Ware und kauft gleichzeitig drei andere ein: die Rohstoffe und Maschinen, die Arbeitskraft der Angestellten sowie die Kauflust und die Treue seiner Kunden. Die Holding einer großen multinationalen Gruppe oder eine Investitionsgesellschaft tun nichts anderes, als Marktanteile zu kaufen und zu verkaufen, eine Tätigkeit, bei der man sich jedenfalls nicht die Hände schmutzig macht. Der »Markt« ist eine fiktive Ware, aber der Kapitalismus braucht diese Fiktion, um weiter zu gedeihen.

Daß ein Unternehmen, wenn es sich das vornimmt und den Preis dafür aufbringen kann, fünf Prozent Marktanteil gewinnen könnte, sagt einiges über die angebliche »Freiheit« der Verbraucher, die die Prediger des Liberalismus so lauthals verkünden. Einige Freischärler der Wirtschaftswissenschaft, vor allem in den Vereinigten Staaten, haben schon über die Macht der Unternehmensgruppen geschrieben, die Nachfrage und Bedürfnisse zu modellieren. Thorstein Veblen war sich dessen schon zu Beginn unseres Jahrhunderts bewußt. Und in den zwanziger Jahren stellte Frank Knight fest: »Gibt man der Öffentlichkeit, was sie will, korrumpiert das in der Regel den populären Geschmack.« John K. Galbraith schrieb: »Daß die Bedürfnisse durch die Werbung erst geschaffen und diese Wünsche durch Verkaufsaktionen angeheizt und durch allerlei subtile Maßnahmen geschickter Berater in die eine oder andere Richtung gelenkt werden können, zeigt doch, daß diese Bedürfnisse nicht wirklich wichtig sind. Einen hungrigen Mann muß man nicht erst daran erinnern, daß er essen soll.« Es stellt sich mithin ein Abhängigkeitseffekt ein, den der Havard-Professor folgendermaßen zusammenfaßte: »Es handelt sich um Bedürfnisse, die vom Verfahren abhängen, mit dessen Hilfe sie befriedigt werden.«

Wie aber soll man solche Bedürfnisse zu wichtigen Bedürfnissen machen, wie den Konsum entsprechender Produkte für schlechthin unerläßlich erklären? Dies ist die Hauptsorge der Unternehmen und der Regierungen, seit die Arbeitslosigkeit so dramatisch steigt. Die beträchtliche Kunstfertigkeit der Marketing-Experten ist darauf ausgerichtet, den Kunden Wünsche und Bedürfnisse einzublasen. Das Marketing kennt keine Hemmung, elementare Bedürfnisse in Gelüste zu verwandeln und dann den Kunden glauben zu machen, daß er diese Gelüste durch den Kauf dieses oder jenes Produkts befriedigen könne. In einer doppelten Bewegung werden die Gelüste sozusagen monetarisiert und die Bedürfnisse ästhetisiert. Die Werbung spielt mit viel Erfolg auf beiden Klaviaturen.

Der Markt beeinflußt, züchtet und erzieht unsere Wünsche mehr, als daß er sie erfüllt. Und wenn man Erziehung und Züchtung sagt, dann ist klar, daß damit eine bestimmte Art von Repression verbunden ist, die bestimmte Wünsche unterdrückt, indem sie ihnen die Waren entzieht, die diese Wünsche erfüllen könnten. Roland Barthes hatte sicher recht, als er meinte, daß die wirklich große und einschneidende Zensur nicht darin bestehe, etwas zu verbieten, sondern in der Willkür, mit der gewährt oder genommen, Überfluß oder Mangel erzeugt würden. Jene Bedürfnisse, deren Befriedigung tatsächlich nicht fakultativ erfolgen kann – dazu zählen insbesondere gesellschaftliche Belange – werden vom Markt oft nur marginal oder gar nicht befriedigt. Dagegen versteht sich der Markt darauf, objektive Bedürfnisse (wie Kleidung und Nahrung) zu subjektivieren und daraus neue Wünsche entstehen zu lassen.

Bei Marx war der Gebrauchswert noch dem Tauschwert vorgeordnet. Es sind die Hersteller, sagt er, die das Produkt ihrer Arbeit als Wert darstellen. Der Kapitalismus hat seit jener Zeit erhebliche Fortschritte gemacht: Man hat begriffen, daß es vorteilhafter ist, zunächst den Tauschwert zu bestimmen und erst danach den Gebrauchswert.

Indessen ist das Spiel mit den Wünschen und den wirklichen Bedürfnissen nie ganz perfekt, und die Verbraucher fallen nicht immer darauf herein. Sie betrachten die Phantasieblasen, in die man ihnen die Waren einhüllt, mit einem gehörigen Schuß Ironie. Freilich folgen sie diesem Spektakel mehr oder weniger so, wie Schaulustige einem Taschenspieler zuschauen: sie wissen, daß ein Trick dabei ist, manchmal sehen sie sogar, wie er funktioniert. Aber das ist nicht wichtig, weil die Schaulustigen im Grunde diese Kunst lieben, die Objekte auftauchen und verschwinden läßt. Von der Geschicklichkeit des Gauklers sind sie gleichermaßen amüsiert und fasziniert. Das gleiche ereignet sich angesichts der Spielshows und Talkrunden im Fernsehen: Der Zuschauer grinst und zappt sich weiter, aber heute oder morgen kehrt er eben doch zurück, ebenso angekettet wie ein Fließbandarbeiter. So ist eine ganze Gesellschaft hingerissen vom Feuerwerk der Verkäufer und den Wunderbildern der Werbung. Die Ironie hat durchaus ihren Platz in diesem Spiel, sie ist häufig ein erwünschter Effekt und wird von den Marketingabteilungen be-

> **Der Kapitalismus hat erhebliche Fortschritte gemacht: Man hat begriffen, daß es vorteilhafter ist, zunächst den Tauschwert zu bestimmen und erst danach den Gebrauchswert.**

wußt mit eingeplant und bedient. Es wäre also recht naiv anzunehmen, daß der Markt, sprich: der Verbraucher spontan über die Nutzung der Ressourcen entscheidet.

Um die Verbraucher zu analysieren und auch zu erziehen, führen große Supermärkte monatliche Befragungen von mehreren zehntausend Kunden durch. Gefragt wird nach dem persönlichen Lebensstandard, nach bevorzugten Markenprodukten und nach vielem anderen mehr. Darüber hinaus werden regelmäßig die Fahrzeuge photographiert, die auf dem Parkplatz des eigenen Supermarkts oder dem des Konkurrenten stehen, um auf diese Weise etwas über die soziale Zusammensetzung der Kundschaft zu erfahren. Oder die Unternehmen bieten für die zahlreichen Hausfrauen, die in Japan häufig das Familieneinkommen verwalten, kostenlose Einführungskurse in die Kochkunst oder die Kunst des Gärtnerns an.

In den Vereinigten Staaten hat man ebenfalls regelrechte Kunden-Überwachungssysteme eingerichtet, mit deren Hilfe die Art der Einkäufe und die Entwicklung des Lebensstils erfaßt wird. Dabei kommen gelegentlich auch Videokameras zum Einsatz, die auf den Einkaufswagen montiert sind. Die großen, weltweiten Fernsehanbieter werden ebenfalls bald in der Lage sein, nicht nur Einschaltquoten, sondern auch die Aufmerksamkeit der Zuschauer zu messen. Auf jede individuelle oder soziale Absicht gibt es schon eine Marketing-Antwort, noch bevor diese Absicht überhaupt formuliert ist. Diese totale Kontrolle der Kundschaft erklärt sich aus der scharfen Konkurrenz zwischen einigen großen Unternehmen und aus dem hohen Preis, den sie für jedes Stück Marktanteil zu zahlen haben.

Manchmal gestehen die Marktexperten, die ihre Triumphe ohne jeden Anflug von Bescheidenheit genießen, ihre Untaten. So lassen Jack Trout und Al Ries, zwei nordamerikanische Marketing-Gurus und Autoren mehrerer Bücher über »militantes Marketing«, keinen Zweifel daran, daß der wirtschaftliche Wettbewerb tatsächlich einem Krieg ähnelt; und dieser Krieg wird im Bewußtsein des Verbrauchers ausgetragen – ein recht eigentümliches Schlachtfeld, das nicht mehr als fünfzehn Zentimeter mißt. Und es kommt darauf an, diesen Platz zu besetzen und mit allen Mitteln zu halten. Das kann durch Verteidigung geschehen oder durch einen Angriff auf das marktbeherrschende Unternehmen; das beste Beispiel hierfür sind die Attacken von *Pepsi-Cola* gegen *Coca-Cola* und die Konter aus Atlanta. Beliebt sind auch Guerilla-Aktionen auf billigeren Märkten oder das sogenannte »Ambush-Marketing«, mit dem die Firma *Nike* sich nach Piratenart in Events drängelte, die eigentlich von der Konkurrenz gesponsert waren.

Was man auch tut, man kann sich gut und gerne an Clausewitz halten.

Der liberale Ökonom Milton Friedman hat die Rolle des Marktes darin gesehen, daß er Einheiligkeit schaffen könne, ohne Konformismus zu erzeugen. Der Markt sei tatsächlich ein System proportionaler Darstellung. Diese These sollte man aber besser umkehren. Die Rolle des Marktes liegt darin, daß er Kon-

Die Rolle des Marktes besteht darin, daß er Konformität, aber keine Einhelligkeit schafft.

formität, aber keine Einhelligkeit schafft. Jeder einzelne, auch wenn er mit vielem nicht einverstanden ist, wird gleichwohl zwangsläufig konform sein. Das System des Marktes erweist sich als ein aufgeklärter Despotismus, extrem intelligent und absolut. Niemand entgeht seiner Herrschaft, auch dann nicht, wenn es einigen mit Hilfe von Ironie und Zurückhaltung gelingt, sich anzupassen, ohne sich zu erniedrigen.

Heute geben die Hollywood-Produzenten fast ebensoviel für die Werbung aus wie für die Produktion eines Filmes. Die Grenze zwischen der Ware und dem Werbe- und Verkaufsrummel um dieses Produkt herum verwischt sich immer mehr. Es kommt vor, daß die Einnahmen, die durch einen Film oder ein Konzert zustande kommen, niedriger liegen als der Gewinn, den man durch das begleitende »merchandising« macht: durch Buttons, CDs, T-Shirts, Poster, Bücher und dergleichen mehr. In einer Marktgesellschaft ist das Marketing also für die Unternehmen nicht mehr als ein Kostenfaktor anzusehen, sondern als eine wichtige Einnahmequelle.

Da eine einzige Marke oder ein einziges Produkt nicht mehr ausreicht, fügt die Verkaufspropaganda weitere hinzu, und so macht am Ende jedes Produkt für das andere Werbung. Alle zusammen erzeugen den Eindruck einer in sich geschlossenen, perfekten Welt. So wirbt man mit einer Waschmaschine gleichzeitig für ein bestimmtes Waschpulver. Oder ein Supermarkt preist im Regal mit den einschlägigen Snacks als Hauptgewinn eines Preisausschreibens den Besuch eines Parks mit amerikanischen Attraktionen an. Jede Verkaufsaktion muß mehrere Partner zusammenbinden, und jeder muß seine Kaution für die trügerische Wahrheit der Aktion stellen. Bis in die Filme hinein wird heute aktiv Werbung betrieben. Jedes Produkt ist von zahllosen anderen umgeben, von Musik, Tanz, Stimmungen, die dem Zuschauer als integraler Bestandteil der Wirklichkeit präsentiert werden. Eine Marktanalyse versucht stets, eine Zielgruppe zu bestimmen, ihre Konsum-Gewohnheiten auf anderen Märkten zu beschreiben. Kein Markt ist mithin abgeschlossen, sondern jeder ist durch das gemeinsame Waren-Spektakel mit anderen Märkten verbunden. Das Ergebnis dieses Prozesses ist, wie Marx schon ahnte, daß die Produkte nicht isoliert voneinander bestehen, sondern in einem Waren-Verbund.

Wenn der Verkauf einer oder mehrerer Marken desselben Produkts zu erlahmen beginnt, weil die Mode sich geändert hat oder ein neues Produkt auf dem Markt erschienen ist, kann es für die Unternehmen eines Sektors durchaus verlockend sein, ihre Kräfte zu bündeln und gemeinsam nicht für eine Marke, sondern für das Produkt selbst zu werben. Auf diese Art und Weise wird häufig für Milch, Beaujolais oder das Kino geworben. Dabei handelt es sich natürlich klar um Absprachen zwischen Unternehmen oder Händlern. Aber weder das Gesetz noch die Wirtschaftstheorie, die doch sonst jede Einschränkung der Konkurrenz rasch korrigieren, finden an solchen gemeinsamen Werbeaktionen etwas auszusetzen. Zwar gab es zwischen 1910 und 1925 in den Vereinigten Staaten

Versuche, das Kartellgesetz auf die Verbundwerbung anzuwenden und sie zu verbieten, aber die juristische Schlacht ging am 1. Juli 1925 verloren, als der Oberste Gerichtshof zugunsten der gemeinsamen Werbung des Herstellerverbandes von Ahornfußböden entschied. Das bedeutet, daß die Konkurrenz verschiedener Marken auf einem Markt sehr wohl eingestellt werden kann, wenn dieser Markt selbst durch andere Märkte bedroht ist. Und wenn gar alle Märkte gefährdet werden durch die Nachlässigkeit oder die Vorsicht der Verbraucher, die einfach nicht mehr verbrauchen wollen, dann erklären die Politiker – und mit ihnen ein ganzer Chor von Experten – der gesamten Bevölkerung, daß sie mehr konsumieren muß, gleichgültig, was; wichtig ist nur, daß es etwas ist, das man kaufen und verkaufen kann. Dieselben Experten erklären dann bald darauf mit derselben Schärfe, daß man nun weniger verbrauchen solle und sparen müsse, um die Investitionen der Unternehmen zu finanzieren. Das ist die höchste Stufe der Propaganda, die ihren Rhythmus der gesamten Gesellschaft vorgeben will.

Solange sie nur konsumieren, dürfen die Konsumenten wählen: zwischen einem Schwimmbad in ihrem Garten und einer Kreuzfahrt, zwischen einer Lederjacke und einem Mofa. Auch die Paare dürfen wählen, ob sie Kinder haben möchten oder lieber in aller Freiheit ihr Einkommen verkonsumieren wollen. In einer Welt, die vor überflüssigen Konsumgütern nur so strotzt, rivalisieren alle Märkte mehr oder weniger miteinander. Jede Reklame steht gegen alle anderen, und alle sind in der Einheit der Wirtschaft verbunden.

Weiter oben haben wir schon ausgeführt, daß jede Reklame versuchen muß, neue Bedürfnisse zu wecken. Werbung und Marketing und mit ihnen die Gesamtheit des Unternehmens funktionieren wie eine Fabrik zur Herstellung von Mangelerscheinungen und Seltenheit. Hierfür brauchen die konkurrierenden Marken keine gemeinsame Werbung zu betreiben. Denn die Konkurrenz selbst, die für tatsächliche oder nur scheinbare Innovationen sorgt, schafft den notwendigen Mangeleffekt genausogut oder noch besser als die Werbung. Eine Zeitlang kreiste die Ökonomie um die Frage, wie man Überfluß in einer Welt des Mangels schaffen könne. Dieses Anliegen gibt es heute nicht mehr. Gegenwärtig setzt die freie Marktwirtschaft es sich vielmehr zum wichtigsten Ziel, Mangel in einer Welt des Überflusses zu schaffen. Das ist freilich keine leichte Aufgabe, und einige industrialisierte Länder machen eine Krise durch, die sowohl das Angebot als auch die Nachfrage betrifft. Viele Verbraucher, die einfach nützliche Gegenstände einkaufen möchten, haben nicht einmal dafür das nötige Geld. Und diejenigen, die tatsächlich Geld genug haben, können im Angebot nichts entdecken, was sie nicht schon besäßen. Die künstliche Mangelfabrik arbeitet schlecht. Man wird diesen Fehler bald beheben – und vergessen, daß die Krise der Nachfrage einen tiefen sozialen Riß verbarg.

> **Gegenwärtig setzt die freie Marktwirtschaft es sich zum Ziel, Mangel in einer Welt des Überflusses zu schaffen.**

Ein zeitgenössischer Chronist hat treffend festgestellt, daß eine Gesellschaft sich dann selbst steuert, wenn sie in der Lage ist, eine Nachfrage für all die Produkte zu produzieren, die sie anbietet. Es ist an der Zeit, einen unökonomischen, ja sogar einen moralischen Blick auf die Marktwirtschaft zu werfen. Frank Knight hat zu Recht festgestellt, daß die soziale Ordnung die Wünsche derer, die ihr angehören, ebenso prägt, wie sie sie befriedigt. Aus diesem Grund muß eine solche Ordnung nicht nach ihrer Effektivität, sondern nach den von ihr geweckten Wünschen und Gelüsten beurteilt werden – und nach den Charaktertypen, die sie hervorbringt.

Seit dem Ende des neunzehnten Jahrhunderts erfanden die Unternehmen »Marken« und bedienten sich verstärkt der Werbung, um der Preiskonkurrenz zu entgehen und zugleich die Kunden an sich binden. Zu dieser Zeit kam in den Vereinigten Staaten die »Anti-Trust«-Gesetzgebung zum Tragen, von der man annahm, daß sie die Konkurrenz leiten und dämpfen werde. Das Gegenteil sollte der Fall sein. Jede Marke suggeriert mit Unterstützung der Werbung einen eigenen Lebensstil – gleichviel, ob es ein Sport-, ein Luxus- oder ein Außenseiterstil ist. Auf diese Weise schaffen es die Unternehmen, den Dingen Sinn zu verleihen, während es ursprünglich die Dinge waren, die den Unternehmen ihren Daseinszweck lieferten. Indem man sich ein Paar Basketballschuhe oder eine Armbanduhr kauft, meint man sich die heroische Welt

Auf diese Weise schaffen es die Unternehmen, den Dingen Sinn zu verleihen, während es ursprünglich die Dinge waren, die den Unternehmen ihren Daseinszweck lieferten.

der Olympischen Spiele oder der großen Flugpio-
niere anzueignen. In Wirklichkeit bindet man sich
nur noch ein Stück mehr an die Welt der Konkurrenz und der Show. Wie das Medium selbst
zur Botschaft geworden ist, so wurde auch der
Markenartikel zum eigentlichen Konsumprodukt.
Deshalb wird auf allen Märkten vor allem ein
Konkurrenzkampf der Bilder und der Namen um
die Aufmerksamkeit der Verbraucher ausgetragen.
Daß es dabei auch um einen Kampf der Unternehmen oder Produkte geht, ist zweitrangig.

Es ist unnütz, den Markt vom Kapital zu unterscheiden. Aristoteles hielt zwei Kunstfertigkeiten
deutlich auseinander: die Kunst, sich zu bereichern,
und die Kunst der Haushaltsführung. Es ist kaum
verständlich, warum die Gesellschaft es zugelassen
hat, daß ihr »Haus«, ihre Angelegenheiten, durch
den Markt und die Konkurrenz geführt werden,
auf die sie keinerlei Einfluß hat. Das Kapital hat
das tägliche Leben durch die Erfindung der modernen Märkte sozusagen kolonisiert. Was einst in der
Zuständigkeit der Eigenherstellung oder des Handels zwischen lokalen Produzenten lag, ist heute
Bestandteil eines globalen Netzes der aktiven
Überwachung des Raums und der Gesellschaft. In
diesem Sinn ist die Ökonomie heute zur Kunst der
Bereicherung mutiert. Die Beherrschung aller Ökonomie hat das Kapital noch mächtiger gemacht, es
hat die Anonymisierung und Undurchschaubarkeit
vorangetrieben.

Den Markt in eine Ware verwandelt zu haben ist
nicht der einzige Erfolg des Liberalismus in den vergangenen Jahrzehnten. Die moderne Ökonomie

hat auch den menschlichen Körper verwandelt und zu einer Ware werden lassen. Nachdem der Kapitalismus die Arbeitskraft gebraucht, mißbraucht und verbraucht und die Körper ausgedörrt hat, macht er nun aus der Fitneß, der Gesundheit, der Pseudo-Jugend und Pseudo-Schönheit eine der lukrativsten Industrien. Das geht bis hin zur Kommerzialisierung des Blutes, der Organe und der Gene. Der Körper in der modernen Ökonomie ist Produktwerbung, die selbst zum Produkt geworden ist.

Alle Erwartungen übertreffend, ist es der liberalen Wirtschaftsordnung auch gelungen, aus der Zeit eine Ware zu machen. Lange interessierte sich die Ökonomie vor allem für die Arbeitszeit der Lohnempfänger. Die übrige Zeit überließ man den Hütern der öffentlichen Ordnung. Heute aber müssen auch die Freizeit und das Verkehrswesen der Warenlogik gehorchen. Mit den Satellitenprogrammen und den neuen Medien hat sich das Angebot an Show und Spiel vervielfacht, und 24 Stunden reichen nicht aus, um dieses Angebot auszuschöpfen. Die liberale Ökonomie spielt sich in der Tat auf zwei einander ergänzenden Feldern ab. Auf der einen Seite verkauft man Güter und Dienstleistungen, die dabei helfen sollen, »Zeit zu sparen«: In vielen Ländern zählen die Autobahnen dazu, für deren Benutzung man zu bezahlen hat, die Geldautomaten oder der Versandhandel; auf der anderen Seite werden Waren angeboten, mit deren Hilfe man die so gewonnene Zeit füllen kann: Multimedia-Disketten, interaktive Fernsehkanäle,

Auf der einen Seite verkauft man Güter und Dienstleistungen, die dabei helfen sollen, »Zeit zu sparen«; auf der anderen Seite werden Waren angeboten, mit deren Hilfe man die so gewonnene Zeit füllen kann.

Videospiele und anderes mehr. Im ersten Fall verkaufen die Unternehmen Zeit; im zweiten kaufen
sie unsere Zeit ein. Die Zeit der Individuen ist mehr
und mehr den Maßgaben der Wirtschaftskonkurrenz und des Marketing unterworfen.

Die Ökonomen haben schnell begriffen, daß die
Zeit ein Handelswert sei, der sich wie der Markt
kaufen und verkaufen läßt, ein Wert, den man tunlichst messen sollte. Seit den vierziger Jahren hat
man entsprechende Studien angestellt, insbesondere im Transportwesen. Die Zeit ist in allen aktuellen Berechnungen, die unserem Verhalten und
unseren wirtschaftlichen Aktivitäten auf die Spur
kommen wollen, ein wichtiger Faktor. Ein Mann
hat auf der theoretischen Ebene besonders viel
dazu beigetragen, diesen Punkt, von dem aus eine
Rückkehr unmöglich ist, zu erreichen – auch wenn
er weder der erste noch der einzige war. Es handelt
sich um den Chicagoer Soziologen und Ökonomen
Gary Becker, Nobelpreisträger des Jahres 1992.
Becker hat früh versucht, wirtschaftswissenschaft-
liche Hypothesen auf das Alltagsleben anzuwenden. Ob es dabei um Kriminalität, um Rassendis-
kriminierung, um die Wahl der Studienfächer oder
um das Wahlverhalten geht: dieser äußerst liberale
Professor nimmt die Doktrin vom Eigeninteresse
und unterstellt, daß jedes Individuum in Begriffen
von Kosten und Gewinnen denkt und seine Zeit
nach ihrem Marktwert berechnet.

Auf diese Weise erklärt Becker zum Beispiel auch
die Familienplanung. Es ist natürlich nicht zu leugnen, daß sich der Status und die Rolle von Kindern
im Lauf der Jahrhunderte verändert hat. Früher

waren sie auf den Bauernhöfen oder in der Werkstatt für kleine Handreichungen gut und unterstützten häufig die Eltern auf deren alte Tage. Heute sind sie keine zusätzliche Hilfe und auch keine Altersversicherung. Waren sie

Kinder sind eine teure »Ware« und konkurrieren mit anderen Waren.

früher eine »Investition«, so werden sie heute, in der Terminologie Beckers, eher als langfristige »Verbrauchsgüter« angesehen. Anders formuliert, die Kinder sind eine teure Ware und konkurrieren mit anderen Waren, die freilich weniger Aufmerksamkeit und Zeit beanspruchen. Da die Zeit begrenzt ist, müssen die Paare sich entscheiden, ob sie vielleicht doch lieber eine Weltreise unternehmen wollen, anstatt Kinder zu haben. Ebenso ziehen es Frauen oft vor, ihre Zeit einem einträglichen Job zu widmen, anstatt sie der Familie zu opfern. Und wenn sich die Paare dann doch dazu entschließen, Kinder zu haben, dann werden es wenige sein: eines oder höchstens zwei. Denn, so Becker in seinem ökonomischen Duktus, die Eltern entscheiden sich eher für »Qualität« als für »Quantität«. Wie man sieht, gründet die Analyse auf den Begriffen »Kosten«, »Mangel« und »Seltenheit« sowie »Preisen«, die die Gesellschaft der Zeit, den Freizeitbeschäftigungen und dem Geld selbst zuschreibt. Jedes Indivium versucht, die vermeintlich raren Ressourcen optimal zu nutzen, um sein Wohlergehen zu maximieren. Um diese Dinge berechnen zu können, geben sie diesen Dingen also einen »Preis«, angefangen bei der »Zeit«, dieser Ressource, von der man behauptet, sie sei am stärksten begrenzt. Diese Zeit kann man kaufen, indem man etwa eine Haushalts-

hilfe oder einen Babysitter einstellt, und sie tritt damit in Konkurrenz zu anderen Waren und Gütern.
Wieviel Macht die Ökonomie mittlerweile über die
Gesellschaft und die Individuen hat, erweist sich
daran, daß eine solche ökonomistische Analyse
häufig sogar zutrifft.

Auf dem Gebiet der Umwelt und des Umwelt-
schutzes ist das ökonomische Kalkül allerdings
schwieriger anzuwenden: Wie soll man etwa die
Qualität der Luft oder den Wert eines Waldes für das
Wohlbefinden beziffern? Der Ökonom O. Eckstein
beteuerte noch 1958, daß eine Geldberechnung der
Umwelt weder möglich noch wünschenswert sei.
Seit jenen Jahren hat sich die Lage dramatisch verschärft. Angesichts des politischen Drucks verlangen die Politiker nun Kosten-Nutzen-Rechnungen.
Die sogenannten Experten haben dafür mehrere
Methoden der Evaluierung entwickelt, die freilich
allesamt nicht überzeugen. Es gibt hierbei ein indi-
rektes Verfahren, bei dem man berechnet, wieviel
die Verbraucher zum Schutz vor Umweltschäden
aufwenden müssen – etwa für Lärmschutzfenster –,
oder man vergleicht den Preis eines Guts in verschiedenen Zusammenhängen. Wenn eine Wohnung in
Nähe der Autobahn nur die Hälfte einer vergleich-
baren Wohnung in der Nähe von Grünanlagen wert
ist, dann stellt die Differenz, so will man uns glauben
machen, den »Genuß-« oder »Wohlfühlwert« dar,
den die Gesellschaft dieser Umwelt beimißt.
Die Experten kennen auch eine direkte Berechnung. Sie fragen zum Beispiel, was die Menschen
für den Schutz ihrer Umwelt wie z. B. die Sauber-

keit eines nahegelegenen Flusses zu zahlen bereit seien. Nachdem sie genügend Zahlenmaterial gesammelt haben, lassen die Ökonomen lustig ihre Berechnungsmodelle durchlaufen, berechnen erste und zweite Ränge und schlagen am Ende eine ganze Serie von Maßnahmen vor: Normen, Subventionen, Steuern etc. Sie können den Politikern vorschlagen, nach dem Verursacherprinzip vorzugehen, das übrigens bereits Arthur-Cecil Pigou 1920 im Rahmen seiner Ökonomie des Wohlbefindens vorschlug. Sie können aber auch vorschlagen, daß derjenige, der unter der Verschmutzung zu leiden hat, für die Kosten der Schadensbehebung oder Schadensreduzierung durch den Verschmutzer aufkommt. Oder aber man plädiert für einen Markt der Verschmutzungsrechte für die Unternehmen, was in den Vereinigten Staaten versucht wurde. Man bezieht also die Umwelt einfach in die Buchhaltung ein, integriert den »Umweltfaktor« – die Umwelt betrachtet man jetzt wie eine Reserve an Naturalkapital –, und die Sache ist gelaufen.

Daß man in diesen Dingen mittlerweile ungestraft in Begriffen von Kosten und Gewinnen argumentieren kann, zeigt, was mit der Menschheit passiert ist. Die ökonomische Sphäre scheint keine Grenzen mehr zu kennen. Sie dehnt sich unaufhörlich aus und hat inzwischen auch den Körper, das Sozial-, das Familien- und das Sexualverhalten bis hin zu den Gefühlen erfaßt. Der Wirtschaftsliberalismus unterwirft alle Gebiete seiner engen Rationalität, seiner Rentabilitätsfixierung und vor allem seinen Berechnungsmaßstäben, dem Geld

Die ökonomische Sphäre scheint keine Grenzen mehr zu kennen.

und dessen Äquivalent, der Zeit. Und die Ökonomen haben ja auch das beste Recht dazu, da die ganze Gesellschaft nunmehr den Gesetzen der Ökonomie, dem Pseudo-Mangel und dem Konkurrenz- und Ellenbogenprinzip gehorcht.

An diesem langen Prozeß, in dessen Verlauf die Welt nach und nach unter die Fuchtel der Ökonomie geriet, waren nicht nur die Unternehmer und ihre liberalen Ideologen beteiligt. Sie hatten angenommen, daß der Markt eine Anwort auf alle Fragen und Probleme bereithalte und daß das allgemeine Gleichgewicht der uneingeschränkten Konkurrenz identisch sei mit dem Maximum des Wohlergehens und der Zufriedenheit der Individuen. Tatsächlich aber arbeiteten Pro- und Antikapitalisten bei der Durchsetzung der Ökonomie zusammen. Im neunzehnten Jahrhundert begann man sich aus Gründen der sozialen Gerechtigkeit mit den Steuergesetzen und ihren Konsequenzen auseinanderzusetzen. Am Ende des Jahrhunderts weitete der Wohlfahrtsstaat den Wirkunsgbereich des Ökonomischen auf das Soziale aus, indem er nach und nach den gesamten Arbeitsbereich verrechtlichte – von den Gesetzen zu Arbeitsunfällen bis hin zur Rentenversicherung. Auch Leon Walras, einer der Väter der Grenznutz-Revolution, der soviel dazu beigetragen hat, die Ökonomie zu einer mathematischen Wissenschaft werden zu lassen, begriff sich selbst als Sozialökonom. So hatte er gar keine Bedenken, die Verstaatlichung von Grund und Boden zu fordern, was dem liberalen Credo absolut zuwiderlief.

Während des gesamten zwanzigsten Jahrhunderts

haben die Regierungen zum Ausgleich der Markt-Wirkungen und zur Minderung sozialer Härten mit Hilfe nichtliberaler Ökonomen eine Einebnung der Bedürfnisse betrieben. Es entstand der Wohlfahrtsstaat, der immer mächtiger wird, was sich auch darin niederschlägt, daß die Gesellschaft als ganze in die Ökonomie integriert wird. Die Verteilung von Mitteln durch das staatliche Sozialwesen hatte entgegen ihren großzügigen Absichten den perversen Effekt, jedermann ein »wirtschaftliches« Denken aufzuzwingen. Die Mittelverteilung zwingt dazu, Berufskategorien zu entwickeln, Statistiken zu führen, und alles zusammen führt zu immer raffinierteren ökonometrischen Modellen. Man erhält schließlich hochgelehrte Rechnungen, die genauso wie die starken »Marktkräfte« das Ihre dazu beitragen, daß eine Wirklichkeit geschaffen wurde, die es vorher nicht gab. Aufgrund dieses Zusammenwirkens kann ein Anti-Ökonom wie Ivan Illich die »Liberalen« und die staatstreuen »Radikalen« in einen Topf werfen. Gerade das ökonomische Dissidententum, so meint er, läuft darauf hinaus, daß die Grundannahme des Mangels nun auf Dinge und Beziehungen angewandt werden, die die klassischen Ökonomen vernachlässigen. Seit den dreißiger Jahren sind das Marketing und der Wohlfahrtsstaat die beiden Seiten ein und derselben Medaille. Umverteilung der Einkommen, Marktforschung und die Vorherrschaft der Ökonomie gehen Hand in Hand. Deshalb also »optimieren« die Individuen ihre Frei-

> **Die Verteilung von Mitteln durch das staatliche Sozialwesen hatte entgegen ihren großzügigen Absichten den perversen Effekt, jedermann ein »wirtschaftliches« Denken aufzuzwingen.**

zeit, deshalb antizipieren sie rational Preiserhöhungen, und genau vor diesem Hintergrund glauben sie, daß die Ökonomie sie vor der Ökonomie retten kann. Der schwedische Schriftsteller Stig Dagermann mochte kurz vor seinem Freitod schreiben, daß sein Leben nicht gemessen werden dürfe. Weder die Bocksprünge eines Böckleins noch der Sonnenaufgang seien Leistungen, sondern einfach Dinge oder Vorgänge, die nach ihrem eigenen Gesetz nach Vollkommenheit strebten. Die Zukunft sollte ihm allerdings nicht Recht geben. Kein Wunder also, daß Wirtschaftswissenschaftler wie Gary Becker bei ihren Studien des sozialen Lebens und der Umwelt ökonomische Rationalität vorfinden.

Jeder Erfolg aber hat seine Schattenseite. So versagt die Wirtschaftswissenschaft, die doch so hellsichtig die sozialen Verhältnisse analysiert und überall Recht zu haben meint, gerade da, wo sie nun auf keinen Fall scheitern dürfte: eben in der Ökonomie. Indem sie ihren Zugriff allzusehr ausgeweitet hat, auf alle Handlungen und Entscheidungen, auf die menschliche Zeit und auf alle zwischenmenschlichen Beziehungen, unterliegt sie im Gegenzug der Psychologie, den Stimmungen und den Zufälligkeiten. Das ist auch der Grund, aus dem sich alle Prognosen schnell als hinfällig erweisen, aus dem selbst die Statistiken wenig aussagekräftig sind und aus dem die Tatsachen den festgegründeten Theorien widersprechen. Obwohl die Ökonomie aber in gewisser Hinsicht stärker durch die Gesellschaft »kontaminiert« ist, als sie es eigentlich verkraften kann, fühlt sie sich doch in keiner Weise daran gehindert, ihre Umgestaltung der Gesellschaft fortzusetzen.

5. Die Wiederkehr der politischen Ökonomie*

»Diese Leute glauben, der Doktrin des Interesses zu folgen, aber sie geben sich nur einer grobschlächtigen Idee hin, und damit sie die Kontrolle über das behalten, was sie ihre Geschäfte nennen, begeben sie sich des Wichtigsten: der Selbstbestimmung.«

(Alexandre de Tocqueville)

Auch das Interesse ist nur ein wunderbares Mittel, uns die Augen auf angenehme Weise zu verschließen.

(Pascal)

Es hat keinen Sinn, vom Verschwinden des Politischen zu sprechen in einer Welt, in der jeder gehalten ist zu kämpfen. Die Politik gibt es nach wie vor; sie artikuliert sich allerdings mehr und mehr abseits der traditionellen Parteienkämpfe und Wahlduelle. Die Orte und Gelegenheiten, wo die Politik sich zum Ausdruck bringt, sind heute eher die großen Konferenzen der Zentralbanken oder Aktionen von Lobbyisten. In diesen eher undemokratischen Situationen, die tatsächlich von ökonomischen Interessen geprägt und motiviert sind, scheint der

---

* Den seit jeher schillernden und vielstrapazierten Begriff der »politischen Ökonomie« verwendet der Autor im folgenden überwiegend als Gegensatz zur klassischen Wirtschaftspolitik: Während diese in einem bestimmten Wirtschaftsinteresse Politik betreibt, soll eine politische Ökonomie das wirtschaftliche Handeln an den Interessen einer politisch definierten Gemeinschaft ausrichten. (Anm. des Lektorats)

Staat sich allerdings aufzulösen. Er ist fragmentiert und beinahe neutral. Carl Schmitt bemerkte im »Begriff des Politischen« mit Verwunderung, daß »der europäische liberale Staat des 19. Jahrhunderts sich selbst als *stato neutrale ed agnostico* hinstellen und seine Existenzberechtigung gerade in seiner Neutralität erblicken konnte«. Vom Theologischen über das Metaphysische und das Moralische zum Ökonomischen, so Schmitt, »immer wandert die europäische Menschheit aus einem Kampfgebiet in neutrales Gebiet, immer wird das neu gewonnene neutrale Gebiet sofort wieder zum Kampfgebiet, und wieder wird es notwendig, neue neutrale Sphären zu suchen«.

Da die Ökonomie sich doch als politischer herausgestellt hat als gedacht, fordern die Gesellschaften nun, daß das Recht und insbesondere die Menschenrechte und die humanitären Hilfsaktionen jenes neutrale Gebiet des liberalen Konsens zu sein hätten. Carl Schmitts Beobachtung war richtig. In den Augen des deutschen Staatstheoretikers waren die Politik und der Staat zwei unterschiedliche Dinge. Die Politik war für ihn der (virtuelle, wie man heute sagen würde) Ort, an dem die Unterscheidung von Freund und Feind, von Bürger und Barbar, von Verbündetem und Verräter getroffen wird. Man hat glauben wollen, daß die Ökonomie der neutrale Ort einer Konkurrenz ohne Gewalttätigkeit sein könne, ein Ort, an dem es weder Freunde noch Feinde gebe; ein Ort, an dem, wie Albert O. Hirschmann hoffte, die Gewalt der Leidenschaften durch die Rationalität der Interessen gebrochen werden sollte.

Carl Schmitt betrachtete die Ökonomie und die Technik als Instrumente. Und in diesem Sinn, so meinte er, seien sie neutral, könnten also ebensosehr der Freiheit wie der Unterdrückung, der Zentralisierung wie der Dezentralisierung dienen. Ist die Ökonomie aber nicht mehr als ein Instrument? Zieht man in Betracht, wie viele Dinge, wie viele Menschen ihr geopfert werden und wie viele ihr ergeben sind, muß man dann nicht davon ausgehen, daß die Ökonomie das Ende des Subjekts, das Ende des Selbst bedeutet? Natürlich kann sich jeder seine individuelle Werteskala erstellen; als Kollektiv setzen sich unsere Gesellschaften nichtsdestoweniger Wachstum um des Wachstums willen zum Ziel. Oder schlimmer noch, weil absurd: Man begünstigt das Wachstum, weil man damit vermeintlich die Beschäftigungsquote wieder erhöht. Der liberale Staat ist bei diesem ganzen Vorgang nur mehr als sozialer Helfer präsent; seine Aufgabe ist es, die Wunde zu verbinden, die der Kapitalismus geschlagen hat. Der Ökonom Robert A. Brady machte sich darüber schon 1943 Sorgen. Die Demokratie, so sagt er, ist leichthin über die Herausforderung hinweggegangen, die ihre Existenz für eine wachsende Wirtschaftsmacht darstellt. Um noch einmal Carl Schmitt zu zitieren: »Ein Staat, der in einem ökonomischen Zeitalter darauf verzichtet, die ökonomischen Verhältnisse von sich aus richtig zu erkennen und zu leiten, muß sich gegenüber den politischen Fragen und Entscheidungen für neutral erklären und verzichtet damit auf seinen Anspruch zu herrschen.«

Die Ökonomie: das Ende des Subjekts?

Die angebliche Neutralität der Regierungen hat allerdings in dieser Reinheit ohnehin nie existiert, und heute ist sie ganz aufgegeben. Denn indem die Ökonomie politisch wurde, wurde die Politik ökonomisch.

Es ist noch gar nicht lange her, da waren die Regierungen der Überzeugung, daß sie die Rahmenbedingungen der Ökonomie bestimmen und eine Wirtschaftspolitik treiben könnten, von der das Land insgesamt profitieren würde. Die Koordinierung der Wirtschaftspolitik auf dem europäischen Kontinent, aber auch in Amerika oder Asien, sowie die Senkung der Einfuhrzölle seit 1947 unter dem Einfluß der GATT-Verhandlungen, die zu einer allgemeinen Übereinkunft über Einfuhr- und Handelsbestimmungen führten, waren wirtschaftspolitische Schritte, die die Hoffnung nährten, daß eine gemeinsame, von wissenschaftlichen Erkenntnissen geleitete Wirtschaftspolitik eine Verbesserung der Lebensbedingungen für alle nach sich ziehen würde. Dies war die hohe Zeit der makroökonomischen Regulierungen. Heute dagegen, da das Kapital durch die nahezu vollständige und weltweite Freizügigkeit enorm an Eigenständigkeit gewonnen hat, ist eine Wirtschaftspolitik schwierig, wenn nicht unmöglich geworden. Mit Hilfe der Elektronik und der Satelliten wurde binnen zwanzig Jahren ein Prozeß der finanziellen Vernetzung abgeschlossen, an dem seit über einem Jahrhundert mit großem Eifer gearbeitet wurde.

Paradoxerweise hat allerdings gerade das Versagen

Indem die Ökonomie politisch wurde, wurde die Politik ökonomisch.

der Wirtschaftspolitik die Aufmerksamkeit auf die politischen Implikationen der Ökonomie gelenkt. Seit das Wunder des allgemeinen Wachstums beendet ist, läßt die Wirtschaft auch wieder deutlicher die Interessen erkennen, die sie antreiben. Da die Staaten schon nicht mehr die makroökonomischen Hebel bedienen können, stützen sie sich auf fiskalische Einzelmaßnahmen und andere Regulierungen, um diese oder jene Gruppe von Individuen oder Organisationen zu fördern. Auch die Organisationen selbst versäumen es nicht, jede für sich oder im Verbund, ihre eigene Politik zu treiben – und zwar ausschließlich zu ihren eigenen Gunsten, wie sich von selbst versteht. Die Wirtschaftspolitik mitsamt ihren Illusionen ist hinfällig geworden. Es lebe die politische Ökonomie. Bleibt nur die Frage, wer von ihr profitiert.

Die Wirtschaftspolitik mitsamt ihren Illusionen ist hinfällig geworden.

Die aktivste Wirtschaftspolitik wird gegenwärtig, öffentlich oder im verborgenen, von den Multis betrieben – mit dem Ziel, ihre Expansion und ihre Macht weiter auszubauen. Die wichtigsten multinationalen Konzerne kontrollieren mehr als die Hälfte des Bruttosozialprodukts der westlichen Staaten, in denen die Konkurrenzlogik herrscht. Die Industrie studiert und kopiert, ohne sich viel um allgemeine Belange zu kümmern, die Methoden und Strategien dieser multinationalen Unternehmen. Erzwungene Gutachten, Drohungen, Repressalien, Vorteilsnahme, Verlagerung von Aktivitäten oder feindliche Übernahmen – nichts ist dieser besonders dynamischen Abteilung der Wirtschaftsforschung fremd.

Da der Warenaustausch und die Kosten-Nutzen-
Analyse auf alle Güter angewandt werden, kann es
eine wirkliche Wirtschaftspolitik gar nicht mehr
geben. Seit die Wirtschaft absolut grenzüberschrei-
tend geworden ist und mehr und mehr die sozialen
Beziehungen beherrscht, ist es für einen Staat und
selbst für eine Gruppe von Staaten sehr schwierig
geworden, auf diese Wirtschaft politischen Einfluß
zu nehmen. Die Werkzeuge, über die die Regierungen verfügen – von der Zinspolitik über die
Geldmengenregulierung bis hin zur Staatsverschuldung –, sind nahezu sämtlich untauglich geworden. Durch diesen Niedergang der Wirtschaftspolitik, die ja in der Tat nur global und sozial orientiert
sein konnte, kam auch die Idee und die Möglichkeit der politischen Ökonomie wieder auf.
Die Wirtschaftspolitik war eine Politik, die im Namen eines ganz bestimmten Wirtschaftsverständ-
nisses betrieben wurde. Die politische Ökonomie
ist im Gegensatz dazu eine Ökonomie, die im Sinn
einer Politik betrieben wird, im Dienst also einer
Stadt, einer Gemeinschaft oder, moderner gesprochen, eines Netzes. Das Ende der Wirtschaftspolitik eröffnet also im gleichen Maß, wie es große
Gefahren mit sich bringt, auch neue
Chancen. Es wäre immerhin vorstellbar, wenn auch auf kurze Sicht unwahrscheinlich, daß man einmal das Wohlergehen der Menschen in den Vordergrund stellt – und nicht immer nur ihr
Vermögen. Mit Hilfe einer politischen
Ökonomie könnten am Ende die Städte und Gemeinden ihr Schicksal vielleicht wieder in die eige-

**Ist es vorstellbar, daß
man einmal das Wohl-
ergehen der Menschen
in den Vordergrund
stellt und nicht immer
nur ihr Vermögen?**

nen Hände nehmen. Die Wiederkehr der Politik durch die Ökonomie manifestiert sich ausgerechnet in dem Moment, da die »polis« nahezu verschwunden ist, zerstückelt und durch den Weltmarkt beherrscht. Freilich kann die erzwungene Rückkehr der Politik in einer Zeit, in der das soziale Gleichgewicht gestört ist und die Städte am Boden liegen, auch viele neue Gefahren mit sich bringen, unter denen die Errichtung autoritärer Regime, die von Interessengruppen geleitet werden, die akuteste ist. Veblen hatte nicht zu Unrecht angenommen, daß der Kapitalismus ebensogut zum Faschismus wie zum Sozialismus führen könne.

Man könnte die gleichermaßen theoretische wie praktische Wende hin zur politischen Ökonomie auf vielerlei Weise zeigen. Es reicht, das Verhältnis zwischen Freihandel und Protektionismus, der diesem wie ein Dorn im Fleisch steckt, zu betrachten. Seitdem Ricardo mit seiner Theorie der komparativen Kosten die theoretische Begründung lieferte, also seit über einem Jahrhundert, werden die Ökonomen nicht müde zu wiederholen, daß es im eigenen Interesse der Nationen liege, ihre Grenzen für den Handel zu öffnen. Der Vorsprung, den ein Volk in dieser oder jener Technik oder in einem speziellen Wissen habe, würde die anderen Nationen dazu anspornen, sich weiter zu spezialisieren, zu produzieren, Gewinn zu machen und wiederum mehr zu konsumieren. Diese schöne Theorie hinkt heute beträchtlich – es gibt theoretische Gegenargumente, und vor allem wollen die Tatsachen nicht so recht zu ihr passen ...

Der Freihandel ist für die Gesellschaften zu einer

gefährlichen Illusion geworden, und zwar um so mehr, je mehr sich die großen Konzerne weltweit den Löwenanteil des Handels und der Produktion gesichert haben. Man muß sich klarmachen, daß nahezu ein Drittel des internationalen Handels in Wirklichkeit ein gebundener Handel ist: es handelt sich dabei um Käufe und Verkäufe zwischen Filialen derselben multinationalen Gruppe. Im Falle der USA macht dieser gebundene Handel sogar mehr als die Hälfte des gesamten Außenhandels aus. Für die großen Unternehmensgruppen ist es also recht bequem, mit Hilfe ihrer Rechnungsabteilungen und unter Einbeziehung der Preise sowie der Transportkosten die Gewinne dem Mutterhaus zufließen zu lassen – oder aber sie im Gegenteil in irgendeinem Finanzparadies anzulegen. Ebenso ist es für sie ein leichtes, wenn nötig ihre Büros und ihre Fabriken zu verlagern. Und die Unternehmen scheuen diese Möglichkeiten nicht einmal innerhalb ein und desselben wirtschaftlichen Blocks, wie das Beispiel Grundig und viele andere zeigen. Parallel dazu kann man einen immer intensiveren Überkreuz-Handel vergleichbarer Produkte registrieren. So beliefern sich Kanada und Japan wechselseitig mit Nutzfahrzeugen; Deutschland und Frankreich handeln untereinander Einrichtungsgegenstände und technische Einrichtungen sowie Lebensmittel.

Der zwischenstaatliche Handel ist zu großen Teilen also kein Handel mehr mit *unterschiedlichen* Gütern und Waren, wie es Ricardo vorschwebte. Die Spezialisierung hat keine Bedeutung mehr, zumal natürliche Gegebenheiten, die früher noch eine bedeutende Rolle spielten, heute zu vernachlässigen sind – ebenso übrigens wie die Frage der Qualifikation. Denn mit einigen eingeflogenen Ingenieuren aus den Zentralen der multinationalen Unternehmen kann man durchaus an jedem Ort der Welt Fabriken aufbauen und ausstatten und die Produktion aufnehmen. Die geringen Transportkosten haben den großen Unternehmen eine einzigartige Unabhängigkeit bei der Versorgung mit Rohstoffen und beim Zugang zu den Märkten verliehen. Die Unternehmen können also die Politiker, die die Firmen ins Land holen möchten, bestens erpressen. Anstatt aber das Lebensniveau jener Bevölkerung zu heben, der sie Arbeitsplätze anbieten, bringen sie ein knallhartes Gesetz zur Anwendung, indem sie der Gesellschaft lediglich das überlassen, was sie zu ihrer Reproduktion benötigt.

Gleiches hat sich in der Vergangenheit zwischen verschiedenen Regionen eines Landes ereignet, so daß man all das für nicht so schwerwiegend halten könnte – wenn nicht diesmal die Existenz der Staaten selbst bedroht wäre. Jede Regierung und jeder Bürgermeister wird vor den großen Unternehmern zum Bettler um Investitionen. Oder man geht einen indirekten Weg, indem man die Expansion eines Unternehmens durch Forschungsförderung unterstützt. In diesen neuen Landschaften ist der Freihandel mehr denn je ein As im Ärmel der mächtigen Organisationen.

Die Regierung als Bettler um Investitionen.

(Selbst die Wirtschaftsliberalen machen sich Sorgen angesichts dieser Entwicklung. In einem Bericht des Französischen Instituts für Internationale

Beziehungen, der 1993 unter dem Titel »Ramses 1993« veröffentlicht wurde, heißt es, daß das enorme Gewicht der multinationalen Unternehmen eine Herausforderung für das GATT [Internationales Zoll- und Handelsabkommen] sei, das den immer intensiveren Handel zwischen Mutter- und Tochterunternehmen ignoriere. Es sei nötig, so heißt es in dem Bericht weiter, die Rolle des Staates und der Unternehmen sowie ihr wechselseitiges Verhältnis zueinander zu bestimmen.)

Multilaterale Verhandlungen über den Welthandel, Subventionen sowie der mit öffentlichen Mitteln gestützte und politisch geförderte Markt technologischer Forschung sind die verschiedenen Seiten dieses falschen Spiels. Sicher stehen gerade die mächtigen und bedeutenden Staaten den multinationalen Unternehmen nicht gänzlich wehrlos gegenüber, aber es sind ihnen doch die Hände gebunden, weil sie ihre Politik unter einen großen Imperativ stellen müssen: Arbeitsplätze zu schaffen und zu erhalten.

Im gegenwärtigen Wettbewerb ist es gut möglich, daß ehemals mächtige Staaten so weit absinken, daß sie jeden technologischen Vorsprung verlieren, England ist ein Beispiel dafür. In diesem Dreiecksspiel (Asien, Amerika und Europa) kann einer der Partner jederzeit aus diesem oder jenem strategischen Markt herausgedrängt werden – etwa aus dem für elektronische Bauteile –, ohne deshalb auf einem anderen Markt stärker ins Geschäft zu kommen. Selbst die »natürlichen« Wettbewerbsvorteile sind, wie gesagt, verschwunden. Insbesondere die Agrarwirtschaft löst sich immer stärker von den traditionellen, durch Klima und Boden vorgegebenen Nutzungen. Kurz, der relative Wettbewerbsvorteil, der für Ricardo, Heckscher und Ohlin (die beiden letzteren übertrugen Walras' Theorie auf den internationalen Handel) eine wichtige Rolle spielte, verschwindet und macht einem absoluten Vorteil Platz, wie ihn Adam Smith kannte. Er hatte darauf hingewiesen, daß man dort, wo das Ausland Waren zu günstigeren Preisen anbiete, auf einen entsprechenden einheimischen Markt ganz verzichten könne. Freilich sind die neuen absoluten Vorteile höchst flüchtiger Natur: Heute gewinnt ein Land, das morgen schon wieder zu den Verlierern zählen wird.

Die liberale französische Wirtschaftsschule des neunzehnten Jahrhunderts in der Nachfolge von Jean-Baptiste Say stellte den absoluten Wettbewerbsvorteil ganz in den Mittelpunkt. Ihre Vertreter waren der Auffassung, daß der nationale wie der internationale Handel ein und denselben Gesetzen gehorche. Das ist heute tatsächlich der Fall, da das Kapital und die Technologie nahezu ohne Beschränkungen zirkulieren. Die Frage ist nun, ob die Staaten sich damit abfinden dürfen, einfach bloß Konsumregionen darzustellen. Man müßte einmal die Prognose Lists aus dem Jahr 1840 überprüfen. List meinte, daß es im zwanzigsten Jahrhundert nur mehr zwei oder drei Supermächte geben werde und daß England und Frankreich sich auf die Stoff- bzw. die Weinproduktion zu beschränken hätten. Eine andere Möglichkeit wäre, daß jede Nation mit aller Macht und selbst unter Ausschaltung der Sozialgesetzgebung versucht, die

Produktionskosten zu senken, um auf einem Sektor den absoluten Vorteil zu bewahren. Es ist einigermaßen erheiternd, daß zahlreiche europäische Industrielle um den Freihandel, den sie außerordentlich schätzen, besorgt waren, solange der absolute Wettbewerbsvorteil auf ihrer Seite war. Ändert sich dies aber, so werden sie plötzlich zu den glühendsten Verteidigern wenn nicht eines offenen Protektionismus, so doch eines »managed trade«, eines gesteuerten Handels, der die Härten des Freihandels mildert.

In diesen Fragen war Adam Smith' Antwort nur eine vorläufige, denn seine Theorie des absoluten Vorteils kannte doch zwei wichtige Ausnahmen. Zunächst die einfache Tatsache, daß ein Staat in der Lage sein muß, sich zu schützen. Wenn also ein Nachbarstaat Waffen preisgünstiger herstellt als das eigene Land, so darf man tunlichst nicht allein den finanziellen Aspekt im Auge haben und auf die Waffenindustrie des Nachbarn setzen, sondern muß heimische Waffenindustrie stützen – auch wenn man sich hierbei dann im relativen Nachteil befindet. Die zweite Ausnahme tritt ein, wenn es zu viele Arbeitskräfte gibt. Dann müsse man, so der Autor des »Reichtums der Nationen«, umsichtig handeln. Besser kann man das heute auch nicht formulieren.

Es gibt in der Tat eine ganze Reihe von Sackgassen, in die der Freihandel führen kann. Zunächst muß man einmal feststellen, daß es sich hierbei um eine Doktrin handelt, die gegründet ist auf die Knappheit von Ressourcen und Waren; sie geht ferner

Es gibt eine ganze Reihe von Sackgassen, in die der Freihandel führen kann.

von Vollbeschäftigung aus. Diese Bedingungen sind in der Welt, in der wir heute leben, nicht mehr gegeben. Es zählt gerade zu den Auswirkungen des Freihandels und der heftig geführten Konkurrenz, daß sich in den sogenannten entwickelten Gesellschaften die Arbeitsplätze immer mehr verknappen. Gerade die großen Unternehmen setzen vor allen anderen Lösungen auf die Automatisierung der Produktion. Der Freihandel kann also durchaus Ressourcen vermehren, trägt aber gleichzeitig zum Verschwinden der Arbeitsplätze bei und zerstört so das soziale Gleichgewicht, das sich nicht so schnell wiederherstellen läßt. Aus diesem Grund beginnen die Ökonomen jetzt, die menschlichen und sozialen Kosten dieses wirtschaftlichen Wettbewerbs zu untersuchen. Was ist der Ausweg? Ein Wirtschaftsnationalismus? Betriebe man eine schärfere Handelspolitik, mit höheren Exportsubventionen und höheren Schutzzöllen, würde dies doch nichts an der Logik der herrschenden Ökonomie ändern.

Neben der Zerstörung des sozialen Gleichgewichts hat der allgemein gewordene Freihandel noch andere schwerwiegende Folgen. So steigt die Zahl der Arbeitsplätze im weiteren Bereich des Warenhandels. Die immer schärfere Konkurrenz erfordert eine ebenso steigende Anzahl an Beschäftigten, die sich ausschließlich mit den Erfordernissen dieser Konkurrenz befassen. Welche sozialen und menschlichen Konsequenzen es hat, daß immer mehr Menschen in den Begriffen und nach Maßgabe der Konkurrenz denken, ist bislang noch gar

Konkurrenz als geistig-moralisches Gebot.

nicht bedacht worden. Eine ganze Gesellschaft lebt geistig und moralisch unter dem Gebot der Konkurrenz. Sie kennt kein anderes Ziel, als einen Markt aufzuspüren – für Waren, die sonstwo hergestellt wurden.

Man kann nicht genug darauf hinweisen: Smith genauso wie Ricardo hatten den Reichtum der Nationen und Völker im Blick – und nicht das Wohlergehen der Unternehmen. Erst als das Dogma der Konkurrenz die Oberhand gewann, trat der Begriff des allgemeinen Wohlstands in den Hintergrund. Die Konkurrenz wurde zum Selbstzweck.

Angesichts der durch den Freihandel angerichteten Verwüstungen ist die Versuchung groß, zum alten Phantasma der Autarkie Zuflucht zu nehmen. Im letzten Jahrhundert mokierte sich Frédéric Bastiat zu Recht über die wehleidigen Geister, die sich gegen jene unerträgliche Fremdkonkurrenz wandten, die unter viel günstigeren Bedingungen produziere, so daß sie das Land mit Licht überflute – zu einem unschlagbaren Preis ... Bastiat spielte damit auf die Sonne an, ein wirklich unfairer Konkurrent der Kerzenhersteller und Produzenten von Petroleumlampen. Wer sich dafür einsetzt, daß es Freihandel nur mit Ländern geben dürfe, deren Lohnniveau und Sozialversicherung sich in etwa auf gleicher Höhe bewegen, täuscht sich gleich in mehrfacher Hinsicht.

Schon im England der Zwischenkriegszeit, da sich der allmähliche Abstieg des Landes bemerkbar machte, wandte sich Keynes gegen den Freihandel. In dem 1925 erschienenen Büchlein »Am I radi-

cal?« giftete er gegen den Individualismus des Laisser-faire und gegen das freie Spiel der wirtschaftlichen Kräfte, dem sich die Journalisten der City in
krimineller Verblendung unterwürfen. Ein Jahr
später schrieb Keynes, dem man keinerlei sozialistische Neigungen nachsagen kann, in seinem Buch
über das Ende des Laisser-faire, daß das Individuum durchaus kein Anrecht auf schrankenlose Freiheit in seinen wirtschaftlichen Aktivitäten besitze.
Es stehe nirgends geschrieben, so Keynes, daß die
Besitzenden oder die Warenhersteller ein ewiges
Privileg besäßen.

In regelmäßigen Intervallen erhebt sich gegen den
reinen, doktrinären Liberalismus ein gewisser
Wirtschaftsnationalismus. Freilich ist dieser Gegensatz eher künstlich. Denn der Wirtschaftsnationalismus steht im Dienst der einheimischen Unternehmen, die im Fall eines Mißerfolgs nicht zögern,
die großen Freiheiten zu nutzen, um ihre Fabriken
anderswo aufzubauen. Vor einiger Zeit verfaßte
der Präsident einer großen französischen Unternehmensgruppe Tiraden gegen das GATT und die
neue Handelsfreiheit. Das hinderte den Mann freilich nicht daran, international zu investieren, ohne
sich um nationale Belange zu kümmern.

Es ist widersinnig und sogar gefährlich, die Fahne
des Wirtschaftsnationalismus zu schwenken und
dabei nationale, kulturelle oder religiöse Identi-
täten ins Spiel zu bringen. Es handelt sich dabei
im übrigen um Größen, die die Wirtschaft zum
Schweigen bringen möchte. Sie sollen nur noch
Scheinexistenzen führen und im Bedarfsfall frem-
denfeindliche Reflexe auslösen. So wie das Wirt-

schaftssystem der ganzen Welt gemeinsame Lebens-
stile, Bilder und Musikarten aufzwingt, bleibt dem
einzelnen nur die Nostalgie oder die Gewalt, um
noch eine Differenz, ein Eigenes zu behaupten. Indem die Konkurrenz aus jedem anderen denselben
macht, kann nurmehr der Haß gegen das Fremde
der individuellen Opposition Ausdruck verleihen,
was sich heute in Frankreich, Deutschland und einer Reihe anderer Staaten beobachten läßt. Zwischen dem Wirtschaftsliberalismus auf der einen
und den separatistischen und nationalistischen Be-
wegungen auf der anderen Seite besteht also eine
enge Beziehung.

Der Anthropologe Louis Dumont hat darauf aufmerksam gemacht, daß Nationalismus und Liberalismus unbeschadet aller Unterschiede eine Idee
teilen: die des Individualismus. Die Nation gründet
auf der Abschaffung intermediärer Bindungen und
setzt an deren Stelle eine unmittelbare Beziehung
zwischen dem Individuum und dem Abstraktum
der Nation. Die moderne Nation, so Dumont, und
der Nationalismus – nicht zu verwechseln mit einem traditionellen Patriotismus – sind historisch
eng mit dem Individualismus verbunden. Die Nation ist exakt jener Typ einer allgemein aufgefaßten
Gesellschaft, der der Herrschaft des Individualismus entspricht. Es handelt sich hierbei nicht um
eine bloße Koinzidenz, sondern um eine Wechselbeziehung. Die Nation ist eine allgemeine, global
aufgefaßte Gesellschaft, deren Mitglieder sich als
Individuen verstehen. Die Ökonomie hat hier also
lediglich zu Ende geführt, was mit der Formation
des modernen Nationalstaates begann.

Die liberalen Ökonomen, die die Nationen immer nur als Sample von Produktionsfaktoren aufgefaßt haben, mahnen heute den Staat, sich mit mehr Entschiedenheit für die Belange der Unternehmen einzusetzen. Das ist, um ein Beispiel zu nennen, die Hauptbotschaft des berühmten amerikanischen Wirtschaftsprofessors Michael Porter. Für den Harvard-Dozenten besteht die Hauptfunktion des Staates darin, den Unternehmen ein möglichst vorteilhaftes Umfeld zu bieten, damit sie sich im Wettbewerb behaupten können. Dieser Prediger des Konkurrenzprinzips verlangt von den Regierungen, daß sie für die Infrastruktur und deren kontinuierliche Modernisierung Sorge tragen. Dazu zählt eine Ausbildung, die den Anforderungen der Unternehmen gerecht wird, in denen die Schüler später arbeiten sollen; dazu zählt auch, daß der Staat selbst eine aktive Konkurrenzförderungs-Politik betreiben soll, damit die lokalen Unternehmen in ihren Anstrengungen nicht nachlassen. (Diejenigen, die schon Adam Smith als Merkantilisten bezeichnete, also die Anhänger eines Protektionismus, stellen übrigens recht ähnliche Forderungen, beanspruchen darüber hinaus aber noch den Schutz des Staates vor unliebsamer Konkurrenz.) Überdies ist auch der Wirtschaftsnationalismus selbst vom Liberalismus geprägt. Und beileibe nicht alle Merkantilisten waren Protektionisten. Sie wurden Wirtschaftsliberale, sobald der Freihandel den Interessen ihres Landes dienlich schien. Umgekehrt lagen die Motive namentlich der englischen Befürworter des Freihandels auf der Hand: England besaß auf den wichtigsten industriellen

Sektoren einen deutlichen Vorsprung. Gleiches gilt für die Amerikaner nach 1945. Die Ideologie des Freihandels war oft genug nur die Maske für Interessen einer nationalen Elite. Durch den Erfolg dieser Doktrin verlor die Nation aber ihre Bedeutung als Wertbezug und die Eliten das bißchen an Integrität, das sie noch hatten.

Heute ist die Lage ähnlich, nur scheinen die Vorzeichen umgekehrt: es ist nun der Wirtschaftsnationalismus, hinter dem sich die Interessen eines immer stärker international agierenden Kapitals verbergen. Mehr Liberalismus oder mehr Protektionismus, Wegfall der Handelsschranken auf den anderen Kontinenten, Aufbau von Handelsbarrieren an den eigenen Grenzen – all das sind nicht so sehr Gegensätze oder Widersprüche, sondern einfach Mittel, mit denen die mächtigen Unternehmen heute arbeiten – oder die Staaten arbeiten lassen. Wer sich am geschicktesten anstellt – wie derzeit die Vereinigten Staaten und Japan –, beherrscht auch die Weltwirtschaft. Ob der Rest der Staaten sich nun zu schützen sucht oder sich dem Liberalismus bedingungslos anschließt: er wird es in jedem Fall bereuen.

Die Rückkehr der »politischen« Ökonomie, sei es in Form des Protektionismus, sei es in Gestalt von Handelsblöcken wie der Europäischen Union oder der nordamerikanischen Freihandelszone, vollzieht sich gegenwärtig allein im Sinn und im Interesse der Unternehmen. Die Staaten, Städte und Gemeinden haben gar nichts davon. Es triumphiert eine Wirtschaftspolitik, die sich ganz in den

Wirtschaftspolitik im Dienst der Unternehmen.

Dienst der Unternehmen gestellt hat. Der wohl-
gehütete Mythos der europäischen Einheit wäre
ohne die Unterstützung der meisten großen Indu-
strieunternehmen und nahezu aller Banken nicht
denkbar. Es ist paradox, daß zahlreiche, gerade
auch linke Politiker ein starkes Europa befürwor-
ten. Sie hoffen, daß ein künftiger europäischer Staat
stark genug sein werde, eine soziale Wirtschaftspolitik zu betreiben und den großen multinationalen Unternehmen die Stirn zu bieten. Neben
dem Königreich des Kapitals kann es aber kein anderes Reich mehr geben. Dieselben Wirtschafts-
kräfte bremsen übrigens den europäischen Elan,
wenn es ihnen opportun erscheint; nicht selten
werden dafür auch alte nationalistische Reflexe
reaktiviert.

Hinter das Wort »Handel«, so heißt es oft, müsse
man das Wort »Krieg« anfügen. Um welchen Krieg
genau handelt es sich da, und wer sind die Kom-
battanten? Sind es die Nationen, die Völker oder
die Individuen? Derzeit ist keine politische Hand-
lungsgemeinschaft auszumachen, die sich als Herr
ihres eigenen Kampfes fühlen dürfte. Denn es ist
gerade die Vielfalt der lokalen, regionalen, nationalen, privaten oder korporativen Interessen, die
den Rhythmus des Wirtschafts- und Handelskriegs
prägt und verwirrende Frontverläufe schafft.
Zudem gibt es in diesem Krieg Doppelagenten,
Söldner und eigentümliche Querverbindungen, die
es schwermachen, die Kampfformation auf dem
Schlachtfeld zu verstehen. Es drängen sich hierbei
gelegentlich Ähnlichkeiten mit dem Mittelalter

auf: Die Vorstände der Großunternehmen verhalten sich wie Lehnsherren, einander wie Vasallen
oder wie Paten verbunden, gleichzeitig aber immer
bereit zu Verrat und Eidbruch. Die Chefs der Zentralbanken spielen dabei die Rolle der Prälaten, die
die Einkünfte der Klöster kassieren. Die Staats-
männer und Politiker repräsentieren die niedere
Geistlichkeit: sie führen die Taufbücher, kümmern
sich um die Schulen, die Armenhäuser und alles
Kultische – republikanische Feiern und Sportveranstaltungen – und vermitteln dem Volk die Hoffnung auf ein besseres Morgen.
(Man hat oft gemeint, daß es der Handel sei, der an
die Stelle der kriegerischen Leidenschaften des Feudalismus getreten sei. Man muß allerdings auch
auf eine andere Übernahme hinweisen: Die Staaten
und ihre Verwaltungen nehmen die Stellung ein,
die vormals die Männer der Kirche besetzten.
Wenn allerdings der öffentliche Dienst erst einmal
privatisiert sein wird, übernehmen die Unternehmen diese Position.)
Dieses neue Mittelalter besitzt auch eine Art Scho-
lastik und eine entwickelte Technik, genau wie das
zwölfte Jahrhundert; die Staatschefs und die Mini-
ster-Kardinäle kommen in Konklaven und auf
Konzilien zusammen, während die kleineren Feu-
dalherren ihre Zeit damit verbringen, ihr Lehngut –
ihren »Markt« – gegen die Angriffe der Nachbarn
zu verteidigen. Alles zusammen formt sich zu einem Wechselspiel von Bündnissen. Häufig werden
die Staaten kontributionspflichtig, und es herrscht
auch kein Mangel an Priestern, die die Kämpfer
der Unternehmen segnen. Wie in lang vergangenen

Zeiten kommen die feindlichen Heerführer zusammen in einem eigens dafür geschaffenen institutionellen Rahmen, in dem die Kampfesglut abgekühlt oder angefacht wird und die Grenzen zwischen den einzelnen Lagern abgesteckt werden. Und es gab noch bis in die Zeit des kalten Krieges Kreuzzüge, in denen viele Herren und Bischöfe ihre Truppen vereinten. Freilich hielt sie das nie davon ab, mit den Gottlosen Handel zu treiben.

Es entwickelt sich eine Kultur des Marktes, die nichts anderes ist als eine politische Kultur der Konkurrenz. Es kann keinerlei Zweifel **Die politische Kultur** darüber bestehen, daß diese Kultur sich **der Konkurrenz.** schon der Kinder bemächtigt, namentlich durch die Schule, den Sport und das Fernsehen. Sie imprägniert die Gesamtheit der gesellschaftlichen Beziehungen und macht selbst vor den Gefühlen nicht halt, die die Menschen füreinander hegen. Insofern kommt der vielstimmige Lobgesang der liberalen Gesellschaften auf die Konkurrenz dem gleich, was einst die staatliche Kriegspropaganda war. Es gilt, sich klarzumachen, zu welcher Zerstörung diese geschickt gestreute Propaganda weltweit führt.

6. Wie man Geschäfte macht

»Tatsächlich kann keine (Philosophie), selbst nicht der extreme Empirismus, die *facta bruta* an den Haaren herbeischleppen und präsentieren wie Fälle in der Anatomie oder Experimente in der Physik; keine, wie manche Malerei lockend ihr vorgaukelt, die Einzeldinge in die Texte kleben.«
(Theodor W. Adorno)

In dem Wettbewerb, den sich die großen und kleineren Unternehmen mit ihren eigenen Mitteln liefern, sind durchaus nicht alle Mittel erlaubt – aber alle werden mehr oder weniger intensiv genutzt. Es gibt natürlich Gesetze und Regelwerke und auch die ungeschriebenen Gesetze des Geschäftslebens. Dessenungeachtet werden jedoch permanent auch krumme Geschäfte gemacht, wie wir noch sehen werden, und diese Regelverletzungen sind Teil des Sports, den der Liberalismus *in actu* darstellt. Die politische Kultur des Wettbewerbs stellt theoretisch die Anstrengung, die Selbstüberwindung und die Tüchtigkeit in den Mittelpunkt. Die Praxis aber lehrt ganz andere Dinge. So definieren manche Autoren der Wirtschaftslehre auf der einen Seite das, was illegal ist und gefährlich sein könnte – wie etwa die Korruption oder der Kauf von Ingenieuren und kaufmännischen Angestellten konkurrierender Unternehmen, die EDV-Piraterie, illegales Abhören und der Diebstahl von vertraulichen Schriftstücken, unechte Stellenausschreibungen und vieles mehr. Auf der anderen Seite findet sich dann das, was innerhalb des Wettbewerbs als legal angesehen wird. Dazu zählen ständige Beobachtung des Konkurrenten, Photos von den Konkurrenzprodukten, sobald sie auf internationalen Messen ausgestellt werden, die Analyse der Konkurrenz, Marktanalysen und Informationen, die man durch ehemalige Mitarbeiter des Konkurrenz-Unternehmens erhält – der Fall Lopez bei VW war in dieser Hinsicht bloß ein besonders prominentes Beispiel. Wo verläuft aber die Grenze zwischen der allgemein zugänglichen, also legalen Information und der geheimen, die natürlich die interessante ist?

Als das größte europäische Automobilunternehmen, *Volkswagen*, den zweiten Mann des Konkurrenten *General Motors* Europa (also *Opel*) einkauft und dieser führende Angestellte, M. Ignazio Lopez, gleich nach seinem Arbeitsbeginn bei Volkswagen beschuldigt wird, die Pläne eines neuen Modells seines ehemaligen Arbeitgebers kopiert und dazu noch rund achttausend andere Kopien seinem neuen Arbeitgeber zugänglich gemacht zu haben, wird schnell klar, daß dieser Wundermanager sich zumindest am Rande der Illegalität bewegt hat. Freilich geht die Rechts- und Medienstrategie von *General Motors* und seiner europäischen Filiale weit über die Strafverfolgung hinaus. Sie wird vielmehr Bestandteil einer aggressiv geführten Konkurrenz gegen *Volkswagen*. Es ist in der Tat so, daß der Diebstahl von Dokumenten und die Abwerbung leitender Angestell-

Regelverletzungen sind Teil des Sports, den der Liberalismus *in actu* darstellt.

ter eines Konkurrenzunternehmens ebenso üblich sind wie lancierte Pressekampagnen an der Grenze der Diffamierung. Da jedes Unternehmen sich dieser Mittel bei Gelegenheit bedient und der Nachweis illegaler Praktiken in der Regel schwerfällt, kommt es allerdings selten zu Strafanzeigen.

Häufig wird beispielsweise Frankreich der Vorwurf gemacht, es lasse im Hinblick auf Japan und Deutschland die nötige Aggressivität vermissen: »Eine Reihe von Unternehmern haben sich noch nicht zum aggressiven Wettbewerbsverhalten entschließen können ... Es reicht einfach nicht, gute Produkte zu haben, um dann auch gut zu verkaufen. Man muß lernen, Attacken abzuwehren und selbst Schläge auszuteilen«, schrieb ein Universitätsprofessor vor einigen Jahren in einem Bericht, der für die leitenden Angestellten der französischen Unternehmen bestimmt war. Auch die Diplomaten und der Geheimdienst Frankreichs haben versagt, wenn man den Analysen desselben Autors Glauben schenken will, da sie sich so lange als unfähig erwiesen haben, ein funktionierendes Informations- und »Subversions-«netz im Dienst der französischen Industrie aufzuziehen. Es gebe auf diesem Feld überhaupt keine Zusammenarbeit zwischen dem Staat und dem privaten Sektor.

In den Vereinigten Staaten gelten neben der in Deutschland verbotenen vergleichenden Werbung, also der direkten Herabsetzung des Konkurrenzprodukts, eine Reihe von aggressiven Aktionen als vereinbar mit dem üblichen Geschäftsgebaren. Dazu zählt zum Beispiel auch, daß man Informationen von Beschäftigten eines Konkurrenzunter-

nehmens erhält, solange diese Informationen frei-
willig mitgeteilt werden. Es wird auch als »nor-
mal« angesehen, daß man sogenannte Kopfjäger
und Unternehmensberater »umdreht«
und gegen diejenigen arbeiten läßt, von
denen sie zuerst zu Rate gezogen wurden. Die Geschäftswelt ist durch die
Härte, mit der die Konkurrenz geführt
wird, zu einer permissiven Gesellschaft
geworden, in der es keine moralischen
Verbote mehr gibt. Es ist freilich immer noch mit
einem gewissen Hautgout versehen, wenn man die
gegnerischen Unternehmen ausspioniert oder auf
Beschäftigte und Manager Druck ausübt, indem
das Privatleben auf heikle Punkte abgeklopft wird.
Es handelt sich dabei gleichwohl um recht gängige
Praktiken, zumal die entsprechenden elektronischen Hilfsmittel heute allgemein zugänglich und
nutzbar sind. Meistens brauchen die Unternehmen
sich auch gar nicht selbst um die Spionage und ihre
Methoden zu kümmern. Damit sind vielmehr bestimmte Büros und Kanzleien befaßt, die sich hüten, ein Wort über die Wege mitzuteilen, auf denen
sie an Informationen gelangen.

Die Wirtschaftsauskunft hat eine lebenswichtige
Bedeutung erlangt, weil man mit ihrer Hilfe und
besser und leiser als mit allen anderen Methoden
erfolgreich den Konkurrenten bekämpfen kann.
Sie ist überdies eine der preiswertesten Methoden.
In einer Gesellschaft, in der die Konkurrenz allgemein geworden ist und Information und Zeit strategische Variablen darstellen, fordern die Unternehmen von ihren Beschäftigten immer häufiger,

Die Geschäftswelt ist zu einer permissiven Gesellschaft geworden, in der es keine moralischen Verbote mehr gibt.

daß sie sich als Informationsbeschaffer im Dienst des Unternehmens betätigen. Die Hauptaufgabe des Führungspersonals bei den Technikern und Ingenieuren liegt deshalb auch nicht darin, etwas herzustellen, sondern auf der Lauer zu liegen und genau zu beobachten, was die anderen Unternehmen tun – ob direkte Konkurrenten oder nicht. Auf diese Weise lebt eine ganze Gesellschaft im Rhythmus der Konkurrenz, gehetzt und in dauernder Sorge, von jemand anderem überholt zu werden. Die Stärke eines Unternehmens hängt heute mehr denn je von seiner Fähigkeit ab, strategische Informationen zu erlangen und zu nutzen. Dies ist auch einer der Gründe, aus denen sehr große Firmen oft trotz ihrer Finanzkraft und ihres Beharrungsvermögens scheitern und ihre Vorherrschaft einbüßen: Ihre Größe verhindert, daß sie funktionierende Informationsstellen schaffen, und überdies gelingt es den Konkurrenten aus demselben Grund, viel zuviel über ihre Aktivitäten zu erfahren.

Da die Wirklichkeit gelegentlich auch an der Oberfläche der Medien auftaucht, konnte man in letzter Zeit einiges darüber erfahren, wie diese Informationsnetze gesponnen waren und den Wettbewerb auf den meisten wichtigen Märkten verzerrten. Eine Affäre wurde von der britischen Polizei aufgedeckt. Es ging um Ausschreibungen der großen Ölgesellschaften *Exxon*, *BP* und anderer. Die wichtigsten Lieferanten von Pumpen und Röhren für den Öltransport, die deutschen Multis wie *Thyssen* oder *Mannesmann* sowie die japanischen Gesellschaften *Marubeni* oder *Itochu*, nutzten sogenannte

»Beraterdienste«, um an Informationen über die Angebote der Konkurrenz heranzukommen. Das *Wallstreet Journal* schätzte, daß es in diesen Fällen um mehrere Milliarden Dollar gegangen sei und scheute sich nicht, von einem weltweiten Spionagenetz zu sprechen. Einem gewissen Szrajber, der sein Büro in London und seine Bankkonten in Panama und der Schweiz hatte, war es gelungen, »besondere« Kontakte zu internen Quellen herzustellen – es handelte sich hierbei in der Regel um Ingenieure der entsprechenden Ölgesellschaften. Die Informationen, die Szrajber auf diese Weise erhielt, ließ er sich teuer von dem Zulieferer bezahlen (zwischen zwei und vier Prozent des ausgeschriebenen Geschäftsvolumens), der ohnehin die besten Chancen hatte, den Auftrag zu erhalten. Der Mann lieferte zunächst die Namen der Mitbewerber und dann, wenn es nötig erschien, auch die Höhe und speziellen Daten ihrer Angebote. Als ein anderer Informationsbeschaffer aus diesem Anlaß von der Polizei befragt wurde, sagte er aus, daß solche Praktiken in den zwanzig Jahren, in denen er diesen Beruf ausübe, seit jeher an der Tagesordnung gewesen seien. Nur so komme man an Verträge mit den Ölgesellschaften heran.

Die Kosten für die Informationsbeschaffung im engeren und für die Überwachung der Konkurrenz im weiteren Sinne steigen beständig. Und natürlich ist es der Verbraucher, der diese Rechnungen am Ende mitbezahlt. Sie sind zum Bestandteil jener Herstellungskosten geworden, die Dmitriev zu Recht für überflüssig hielt (vgl. Kap. 3). Aber da eben immer die Gefahr besteht, Marktanteile zu

verlieren, blicken die Unternehmensführer wie ge-
bannt auf die kleinste Bewegung der Konkurrenz.
Nach dem Unterschied zwischen dem privaten und
öffentlichen Unternehmenssektor befragt, antwor-
tete Michel Bon, der Generaldirektor einer großen
Supermarktkette, der früher ein hoher Beamter
war: »Der größte Unterschied ist die Obsession der
Konkurrenz. Im öffentlichen Sektor denkt man eigentlich nicht an eine Konkurrenz. Dort aber, wo
ich jetzt arbeite, verbringt man eine beträchtliche
und auch angemessene Zeit damit, die Preise, Methoden und Innovationen des Konkurrenten zu
studieren. Es ist zum Verrücktwerden.« Man wird
bald bemerken, daß diese idiotische Schlauheit der
leitenden Angestellten den Kapitalismus immer
weiter in die Enge treibt.
Es darf als gesichert gelten – und selbst Ökonomen
stimmen darin überein –, daß eine reine und unver-
fälschte Konkurrenz den Initiativen des einzelnen
oder auch der Organisationen keinen Platz mehr
ließe, da das Handeln aller Akteure vollständig
durch den Markt bestimmt wäre. Wie Freiheit
ohne Notwendigkeit unsinnig ist, so hätte auch
eine vollständig transparente Konkurrenz ihren
Gegenstand verloren. Es sind die kleinen Fehler des
Marktes oder vielmehr die Informationslücken der
Akteure, die den Unternehmen noch Chancen
eröffnen – Wettbewerbsvorteile, die sich allerdings
recht schnell als vergänglich herausstellen. Die Innovation, jener Zufall, der den Lauf der Ökonomie
bestimmt, entwickelt sich heute in einem Univer-
sum der Konkurrenz, in dem dauerhafte, fest-
gegründete Geschäftsbeziehungen die Ausnahme

sind. Die Wettbewerbsbedingungen sind dagegen in der Regel verzerrt. Die Dynamik des Kapitalismus ist auf diese Mißverhältnisse, auf die durch Spionage errungenen Informationsvorteile und auf ungleiche Produktionsbedingungen angewiesen. Information, Antizipation und die Schaffung neuer Bedürfnisse aus dem Nichts gehen Hand in Hand. Der Industrielle François Michelin sprach es in einer seiner seltenen öffentlichen Stellungnahmen ungeschminkt aus: »Das Unternehmen *Michelin* befindet sich in einem Zustand permanenter Wachsamkeit und Hellhörigkeit gegenüber dem Marktgeschehen. Die beste Methode, nicht vom Markt verdrängt zu werden, ist immer noch, Bedürfnisse der Kunden vorauszuahnen und ihnen Lösungen anzubieten.« Besser kann man die wirkliche Arbeit der Konkurrenzunternehmen nicht beschreiben: es geht um Spionage und die Verteidigung des Marktanteils durch Beeinflussung des Marktes.

Angesichts des verbreiteten Geschäftsgebarens versuchen die Gurus des Kapitalismus, die Spreu vom Weizen zu trennen. Michael Porter, der Autor des berühmten Buches über den »Vorsprung durch Konkurrenz«, versichert, daß es in allen Bereichen »gute« und »schlechte« Konkurrenten gebe. Der gute Konkurrent beachte die Regeln, ermittle auf korrekte Art und Weise die Marktentwicklung und setze seine Preise auf vernünftige, nachvollziehbare Weise fest. Er begnüge sich mit einer einmal erreichten Position in einem Marktsegment und akzeptiere, daß er den Markt und den Gewinn mit anderen teilen muß. Und schließlich trage er noch zur weiteren Erschließung und Verbesserung des Marktes bei ...

Man darf wohl annehmen, daß dieser vorbildliche Konkurrent nur in den Büchern von Michael Porter existiert. Diese Annahme legt beispielsweise das Verhalten der größten europäischen Luftfahrtgesellschaft nahe, der *British Airways*, die in England, immerhin dem Land des *fair play*, mit allen legalen und illegalen Mitteln versucht hat, eine kleine unabhängige Luftfahrtgesellschaft zu ruinieren. Die Tricks, mit denen *British Airways* gegen *Virgin* und gewiß noch andere Konkurrenten gearbeitet hat, sind geradezu Lehrbuchbeispiele. Die ganze Palette war abgedeckt, von der Einschüchterung bis hin zur Überredung der Kunden. Nahezu alle Unternehmen geben sich mehr oder weniger für solche Praktiken her, vor allem auf den Exportmärkten, wo auch mit übler Nachrede gearbeitet wird. Der »saubere Markt«, auf den Michael Porter so viel Wert legt, der Markt, wo jeder seinen Platz behält, ohne den Nachbarn anzugreifen, wo jeder nur zur Weiterentwicklung des Marktes beitragen will, ist eine allzu idyllische und unrealistische Sicht der Dinge.

Die Verantwortlichen in den großen Unternehmen sind aus Notwendigkeit amoralisch, nicht aus Überzeugung oder aus Vergnügen.

Immerhin kann man wohl zwei Typen von Unternehmen unterscheiden. Die einen setzen alle ihnen zur Verfügung stehenden legalen und illegalen Mittel jederzeit und ohne Vorbehalt ein, während die anderen dies nur im Notfall tun, wenn alle anderen Möglichkeiten ausgeschöpft sind. Der Dichter Leopardi sagte einmal, daß der Mensch fast immer so gemein und grausam sei, wie es ihm nötig erscheine; wenn er sich wohlverhalte, dann deshalb, weil es keinen

Grund zur Gemeinheit gebe. Die Verantwortlichen in den großen Unternehmen sind aus Notwendigkeit amoralisch, nicht aus Überzeugung oder aus Vergnügen. Diese Art der Notwendigkeit tritt im Geschäftsleben immer häufiger da auf, wo der Wettbewerb besonders hart ist. Dort entsteht eine Kultur, in der der Zweck die Mittel heiligt. Eine Kultur, die nicht mehr nur die Unternehmensführung betrifft, sondern einen immer größeren Teil der Manager und Angestellten, die einander innerhalb des Unternehmens Konkurrenz machen. Kein Wunder, daß die sozialen Beziehungen heutzutage durch diese Kultur geprägt sind, in der jeder ein potentieller oder tatsächlicher Konkurrent des anderen ist.

Dieses Geschäftsgebaren beschränkt sich nämlich nicht auf den Kampf zwischen konkurrierenden Unternehmen. Jede Organisation ist mittlerweile von mehreren internen Konkurrenzlinien durchzogen, es bilden sich verschiedene Clans selbst innerhalb einer Direktion und zwischen Mitarbeitern ein und derselben Abteilung. Das Wort »Mobbing« ist mittlerweile in den allgemeinen Sprachschatz eingegangen. Diese zahlreichen Rivalitäten, die eine Menge Zeit in Anspruch nehmen, sind gleichzeitig ein Ansporn und ein Verzögerungsfaktor. Sobald nämlich die Mitarbeiter in diesen Rivalitätskämpfen bestimmte Grenzen überschreiten und im Kleinen zu denselben Mitteln greifen, welche die Unternehmen im Großen gegeneinander anwenden, schlägt das negativ auf das Unternehmen zurück. Insbesondere Machtkämpfe in der Führungsetage können selbst gut geführte und

standfeste Unternehmen an den Rand des Ruins
bringen.

Diese Vorkommnisse sind immerhin so gravierend,
daß manche Unternehmer sich dazu aufgerafft haben, eine »Charta der Werte« zu verfassen – die
freilich von niemandem befolgt wird … Alle Kam-
pagnen, die seit dem Ende der siebziger Jahre, seit
der Intensivierung der Konkurrenz, unter dem
Stichwort der »Unternehmensethik« geführt wurden, gehen auf die Sorge der Unternehmensführun-
gen zurück, daß sich die Mitarbeiter mehr und
mehr in alle möglichen internen Kämpfe verbeißen
oder aber interne Informationen gegebenenfalls gegen das Unternehmen einsetzen. Die Zeitungen be-
richteten ausführlich vom Fall der beiden *Alcatel*-
Manager, die eine doppelte Buchführung zu ihren
eigenen Gunsten eingeführt hatten. Als man die
beiden Männer erwischt hatte, enthüllten sie eine
Reihe von Unregelmäßigkeiten, die sich die Unter-
nehmensspitze hatte zuschulden kommen lassen.
Dasselbe gilt für Opel in Rüsselsheim, wo die leitenden Mitarbeiter große Schwierigkeiten dabei
offenbarten, zwischen der Privat- und der Betriebs-
kasse zu unterscheiden. Wie soll sich also unter den
Beschäftigten eine »Unternehmensethik« durchsetzen, wenn die Unternehmensführung häufig das
schlechteste Beispiel abgibt?

Angesichts der mafiosen Unterwanderung der ehemaligen Sowjetunion wird oft argumentiert, daß die
liberale Marktwirtschaft den Handel transparenter
mache. Es scheint indessen, daß das Gegenteil nicht
weniger wahr ist. Je mehr Marktwirtschaft es gibt,
desto mehr (Wirtschafts-) Verbrechen werden be-

gangen. Sowohl in den Unternehmen selbst als auch im Namen der Unternehmen verwandeln sich die Menschen in Banditen mit sauberen Händen. Überdies ist diese Art von Verbrechen durch die Komplexität der entsprechenden juristischen Sachverhalte und durch ihre Immaterialität mit einem recht geringen Risiko behaftet. Angesichts der Größe der Unternehmen läßt sich vieles leicht verstecken. Und schließlich muß man sich vor Augen halten, daß die Opfer dieser Verbrechen (meistens Kunden oder Aktionäre) fern vom Ort der Handlung sind. Der Kriminelle kann also fast ein reines Gewissen haben.

Fragt man Untersuchungsrichter und die Beamten, die mit der Bekämpfung der Wirtschaftskriminalität befaßt sind, dann erhält man die Auskunft, daß sie sich in erster Linie nicht Sorgen um die Ausbreitung der Mafia machen, sondern um die Ausbreitung mafioser, illegaler Praktiken innerhalb der legalen Unternehmen. Falsche Buchführung, Diebstahl, Spionage, unerlaubte Absprachen, Steuerflucht und schwarze Konten sind nur einige der Waffen, die von den Unternehmen im Konkurrenzkampf eingesetzt werden.

Mehr Markt = mehr Konkurrenz = mehr Verbrechen.

Man kann es nicht oft genug wiederholen: Je mehr Markt es gibt, desto größer wird die Konkurrenz. Und je größer die Konkurrenz wird, desto mehr Verbrechen gibt es. Was kann in diesem Zusammenhang also eine Politik der Konkurrenz, eine Beaufsichtigung des Wettbewerbs ausrichten? Nachdem der amerikanische Senat bereits 1890 auf Vorschlag des Senators John Sherman aus Ohio die Anti-Trust-Gesetze verabschiedet hat, sind die meisten Staaten diesem Beispiel spätestens seit Ende des Zweiten Weltkriegs gefolgt. Sie schufen Kartellämter, also Behörden, die damit beauftragt waren, Firmenkonzentrationen zu überwachen und jene Unternehmen zu bestrafen, die sich wettbewerbsfeindlicher Mittel bedienten. So sind viele Staaten davon überzeugt, daß sie sinnvoll handeln, wenn sie diese oder jene Absprache verbieten oder diese oder jene Fusion ablehnen.

Damit betreiben die Staaten, wie die ultraliberalen Ökonomen sagen, eine unerklärte Wirtschafts- und Industriepolitik. Es kommt aber noch schlimmer. Der Ökonom Veblen, der die ganze Debatte über die Kontrolle der Konkurrenz noch im Ohr hatte, brandmarkte 1899 mit scharfen Worten diese staatlichen Institutionen, die in seinen Augen vor allem dazu dienten, die Ausbeutung friedlich und ohne Unordnung ablaufen zu lassen. Jedenfalls schützten diese Gesetze eine bestimmte Kategorie von mittleren und kleinen Unternehmen mit dem Effekt, daß die amerikanische Wirtschaft mehrfach in eine Überproduktionskrise geriet. Jedes dieser Unternehmen hatte nämlich unaufhörlich seine Produktionskapazitäten ausgeweitet, und die hierdurch entstandenen Krisen waren eine Ursache für die Große Depression im Jahr 1929.

Gerade indem der Staat sich bemüht, den Lauf der Geschäfte zu lenken, ruft er neue Wettbewerbsverzerrungen hervor.

Die Wettbewerbspolitik ist kaum in der Lage, krumme Geschäfte auszuschließen. Im Gegenteil: Gerade indem der Staat sich bemüht, den Lauf der Geschäfte zu lenken, ruft er neue Wettbewerbsverzerrungen hervor. Die Mythologie bietet hier ein schönes Beispiel: Als die schöne Helena heiraten sollte, versammelten sich alle Helden: Patrokles, Idomeneo, Menelaos, Odysseus, Ajax, Achill, Diomedes und Philoktet. Um ein Blutbad zu vermeiden, spielte Helenas Vater Tyndar die Rolle des Staates und erließ die Regeln für einen ehrlichen Wettbewerb. Er scharte die berühmten Männer um sich und ließ sie schwören, daß sie die Wahl der jungen Frau akzeptieren würden. Mehr noch: Die Rivalen mußten versprechen, dem künftigen Gatten beizustehen, falls sich ein anderer Helenas bemächtigen sollte. Menelaos war am Ende der Glückliche – und der unglücklich Erwählte. Denn Griechenland gegenüber liegt das mächtige Troja, und Paris, der Prinz von Troja, sollte Helena bald entführen. Die Wettbewerbspolitik des alten Tyndar war gescheitert, und nun war alles schlimmer als zuvor. Denn Menelaos erinnerte seine ehemaligen Rivalen an ihren Schwur, und aus diesem Ehrenbund ging der Trojanische Krieg hervor. Ein bedauerlicher Krieg, meinte Homer, ein Krieg, der aus der verzehrenden Glut der Zwietracht entstanden sei.

Da die Wettbewerbspolitik so schwierig ist und soviel Platz für Willkür läßt, haben einige Ökonomen zu Beginn der achtziger Jahre versucht, eine weichere Definition für einen Markt unter den »normalen Bedingungen der Konkurrenz« zu finden. Baumol erfand in Anlehnung an Begriffe, die sich schon bei Ricardo finden, den »umkämpften Markt«, wobei er sich wahrscheinlich auch auf Popper stützte. Nach Popper darf eine Theorie nur dann als wissenschaftlich betrachtet werden, wenn sie Tests unterworfen werden kann, wenn sie widerlegbar ist und eventuell durch eine andere ersetzt werden kann. Der Ökonom schlägt im Anschluß daran vor, daß ein Markt dann als Wettbewerbsmarkt anzusehen ist, wenn er offen ist und potentiell von mehreren Unternehmen umkämpft werden kann. Die Konkurrenz- und Wettbewerbssituation ist bei Baumol also nicht mehr an den atomistischen Markt, nicht mehr an eine Vielzahl von Anbietern gebunden. Ein Oligopol oder sogar ein Monopol kann nach dieser Definition also durchaus ein Zeichen sein für einen gut funktionierenden Markt.

Für wesentlich hält Baumol allerdings den freien Marktzugang und das freie, das heißt nicht mit dem Ruin bestrafte Verlassen des Marktes. Wenn ein Unternehmen sein Glück auf einem Markt probieren und sich dann zurückziehen kann, ohne allzu großen Schaden zu erleiden oder gar seine Unabhängigkeit einzubüßen, ist der Markt effektiv. Freilich scheint es so, als verlagere diese Theorie das Problem nur. Denn die mit der Wettbewerbspolitik befaßten Experten sind dazu verdammt, vertiefte ökonomische Studien zu treiben und abzuschätzen, wie umkämpft ein Markt ist, anstatt darüber zu urteilen, ob es eine wirkliche Konkurrenz gibt.

Der Begründer der »Spieltheorie«, Oskar Morgenstern, wies bereits vor 1939 auf das Paradox des liberalen Staates hin: »Dieser Staat muß in einem Sinn intervenieren, der dem Wirtschaftsliberalismus exakt entgegenläuft, und zwar mit dem Ziel, den freien

> »Dieser Staat muß in einem Sinn intervenieren, der dem Wirtschaftsliberalismus exakt entgegenläuft, und zwar mit dem Ziel, den freien Wettbewerb zu erhalten.«

Wettbewerb zu erhalten.« Es bestehe allerdings immer die Gefahr, daß man die falsche Wahl zwischen einem »guten« und einem »schlechten« Eingreifen trifft. Wenn die Entscheidung aber erst einmal gefallen ist, wird es schwierig, Kategorien zu entwickeln, nach denen man beurteilen kann, ob es die richtige oder die falsche Entscheidung war. Wenn auch ein bestimmter Verhaltenskodex weiterhin unerläßlich bleibe, so Morgenstern, so scheitere der Liberalismus doch daran, die Regeln dieses Kodex vorzugeben.

Heute ist die vermeintliche Wettbewerbspolitik der Staaten zu einer Waffe in den Händen gerade der größten Unternehmen gegen ihre Rivalen geworden, genauso wie die Innovation oder der Diebstahl. In der Europäischen Union ist es schon häufiger vorgekommen, daß dieser oder jener Kommissar ein Unternehmen des eigenen Landes kräftig unterstützt hat, wenn es zu einer Untersuchung kam. Es ist auch kein Geheimnis, daß die staatlichen Unternehmenssubventionen in erster Linie den multinationalen Konzernen und anderen großen Firmen zugute kommen. Tatsächlich wird jeder staatliche Eingriff, jede neue Subvention, jede neue Regelung sofort zum Gegenstand von allerlei Machenschaften und eines intensiven Lobbying. Der Staat wird zu einer Figur im Spiel der großen nationalen oder internationalen Unternehmen. Verbraucherverbände oder wissenschaftliche Institutionen haben es schwer, gegen diese Pressure-Groups ihre Unabhängigkeit zu bewahren. In je-

Es ist kein Geheimnis, daß die staatlichen Unternehmenssubventionen in erster Linie den multinationalen Konzernen und anderen großen Firmen zugute kommen.

dem Fall müssen sie einen hohen Begriff von ihrer Berufung und Ehre haben.

Je transparenter ein Markt ist, desto stärker unterliegt er der Kartellbildung. Das gilt zum Beispiel für die Stahl- und die Erdölbranche. Je größer umgekehrt die Zahl der Konkurrenten ist, desto undurchsichtiger ist auch der Markt und desto häufiger die Verletzung des Wettbewerbsrechts. Hierfür bieten das Immobiliengeschäft oder auch die Modebranche gute Anschauung. Je enger der Markt wird und je begrenzter die Zahl der Konkurrenten, desto härter ist logischerweise der Wettbewerb. In solchen Fällen kommt es zu einem permanenten verdeckten Krieg, wie man am Beispiel jener Multis sehen konnte, die den Erdölgesellschaften technisches Gerät liefern. Um solche Kriege zu vermeiden, schließen die Konkurrenten häufig geheime Abkommen über die Marktaufteilung – was nicht ausschließt, daß man auf anderen Märkten weiterhin in Konkurrenz zueinander steht. So geschehen beispielsweise bei den europäischen Zementherstellern. Die schönsten Absprachen zelebrieren sicherlich die Ölmultis, die sich jeden Montag im luxuriösesten Hotel Londons treffen und beispielsweise plötzlich beschließen, daß sich der Preis bestimmter Rohstoffe, die man für die Herstellung von Plastik benötigt, mal eben verdoppelt ...

Auch die Wirtschaftstheorie ist nicht ganz blind und hat beträchtliche Fortschritte gemacht im Verständnis der Wirtschaftswirklichkeit. Mit der Spieltheorie, die der industriellen Wirtschaft eine wichtige Waffe in die Hand gab, ist man schon weit entfernt vom reinen und uneingeschränkten Wettbewerb. Nach dieser Theorie hat man sich die wirtschaftlichen Akteure in einer Spielsituation vorzustellen, wenn sie untereinander handeln. Sie spielen mit Preisen, Mengen und Wettbewerbswissen, mit Attacken, Bedrohungen, Gegenschlägen und Repressalien: es scheint so, als hätte die Spieltheorie alle möglichen Spielzüge vorbedacht. Aber wozu dienen eigentlich solch schöne Theorien? Im wesentlichen zur Komplexitätsreduktion. Wenn man sich nämlich an die Wirklichkeit hält, wird die Sache schnell ungeheuer kompliziert. Man muß eine unglaubliche Menge von Faktoren miteinander kombinieren: Die Akteure sind im allgemeinen zahlreich und die Zufälligkeiten der strategischen Entscheidungen groß. Das führt zu einer Differenzierung der Produkte, zu Investitionen in die Produktionskapazitäten und zum Preiskrieg. Zudem sind illegale Handlungen schwer einzurechnen. Und am Ende hängt natürlich jeder vom Verhalten jedes anderen ab, von wirklichen oder nur erwarteten Handlungen. Rechnet man dies alles mit ein, kommt es zu einem Wuchern der Modelle, die immer komplizierter und immer weniger anwendbar werden. Faktoren wie der Ruf eines Unternehmens, das Netz von Beziehungen, auf das sich die Spitze stützen kann, der Wiedererkennungswert der Marken etc. komplizieren diese Modelle noch weiter.

Verteidiger der »sauberen« Konkurrenz, von denen es immer noch einige gibt, empören sich gegen jene Händler oder Industriellen, die von den Investitionen anderer profitieren und Gewinn aus den Anstrengungen anderer ziehen. Die Schöngeister der Konkurrenz nennen diese Banditen »blinde Passagiere«. Ein kleines Geschäft, das gegenüber einem großen eröffnet und die gleichen Waren zu einem günstigeren Preis anbietet, wäre ein solcher blinder Passagier. Denn das kleine Geschäft hatte nichts mit der Erschließung des Marktes zu schaffen und bietet auch keinen Service – den dann im Zweifelsfall der große Laden mit übernehmen muß. Merkwürdigerweise ist es den Befürwortern der freien Marktwirtschaft noch nicht in den Sinn gekommen, daß wir alle »blinde Passagiere« sind und alle aus Anstrengungen anderer unseren Nutzen ziehen. Denn das ist exakt die Definition des Kapitalismus und des sozialen Lebens schlechthin. Es gäbe keine Innovation und auch keine Konkurrenz, wenn sich nicht jeder auf den Fortschritt, vor allem den technischen Fortschritt, stützen könnte, den die Vorfahren zustande gebracht haben. Kein Wunder, daß die Anhänger der reinen Marktwirtschaft keine besondere Wertschätzung für die Geschichte hegen …

Die meisten Ökonomen und Soziologen stellen den Konkurrenzgedanken einerseits dem Dirigismus sowie dem Kooperationsgedanken andererseits gegenüber. Stellt man die Alternative von freier Konkurrenz und einem (staatlichen) Zwang her, so kann man die Kritiker der Konkurrenz unter Totalitarismusverdacht stellen. Und wer statt der Konkurrenz die Kooperation, die Solidarität will, muß ein Utopist oder Träumer sein. Bleibt also nur die Konkurrenz – der Liberalismus. Das ist freilich eine irreführende Sicht der Welt. In der sozialistischen Sowjetunion gab es ebensoviel Konkurrenz wie wirkliche Zusammenarbeit oder Solidarität zwischen den Menschen. Und in den Ländern des real existierenden Liberalismus gibt es nicht bloß Konkurrenz, sondern auch Kooperation. Tatsächlich gibt es in den zeitgenössischen westlichen Gesellschaften, die doch den Individualismus und die Konkurrenz als höchste Werte auf ihre Fahnen geschrieben haben, sehr viel mehr Zwang und »Solidarität«, als man gemeinhin annimmt. Schon das Eigeninteresse drängt auf Kooperation. Wir verdanken unsere Mahlzeiten Hunderten und Tausenden von Menschen, die zusammenarbeiten, ohne etwas davon zu ahnen.

Wir sind individualistisch eingestellt, in Wirklichkeit aber in keiner Weise autonom. Und unseren individualistischen Lebensstil verdanken wir einer großen gemeinsamen Anstrengung. Diese Gemeinsamkeit wird aber überhaupt nicht wahrgenommen, während die Idee der Konkurrenz sich erfolgreich der Köpfe bemächtigt hat. Das Wettbewerbssystem ist in Wirklichkeit eine bemerkenswerte Maschinerie zur Erzeugung unabsichtlicher und unerkannter Zusammenarbeit. Nur in einer vollkommen sozialisierten Welt kann man sich den Luxus erlauben, dem Gedanken des Kampfes jedes gegen jeden anzuhängen. Nur weil wir von jeder Solidarität gegenüber unserer *unmittelbaren* Umgebung befreit sind, können wir es uns überhaupt erlauben, aus unserem Leben eine Abfolge von rein egoistisch motivierten Wettbewerben zu machen. So gelangen wir also zu folgendem Paradox: Je

stärker eine Gesellschaft sich der Konkurrenz verschrieben hat, desto mehr ist die Zusammenarbeit
aller ihrer Mitglieder erforderlich.

Der Wirtschaftsliberalismus kennt allerdings eine
ausdrückliche Form der Kooperation. Denn das
Unternehmen, das Herz der Marktwirtschaft, versammelt ja eine Gruppe von
Menschen, die mehr oder weniger zusammenarbeiten. Der Arbeitsvertrag ist
schließlich auch kein reiner Kaufver-
trag. Die großen japanischen Unternehmensgruppen verdanken ihren Erfolg
zum großen Teil der Fähigkeit ihrer Betriebe, zusammenzuarbeiten und dabei gleichzeitig
miteinander zu konkurrieren. Es ist gerade die Kooperation innerhalb immer größerer Einheiten, die
die Voraussetzungen eines immer gnadenloseren
Wettbewerbs geschaffen hat.

**Je stärker eine Gesell-
schaft sich der Kon-
kurrenz verschrieben
hat, desto mehr ist
die Zusammenarbeit
aller ihrer Mitglieder
erforderlich.**

Leider sind Solidarität und Kooperation heute ins
Hintertreffen geraten. Wenn sie noch Erwähnung
finden und hervorgehoben werden, so geschieht
das bereits immer in irgendeinem Konkurrenzsinn.
So konkurriert jedes humanitäre Anliegen in den
Medien mit anderen, ähnlichen Vorhaben. Die
Werbung für die großen Hilfsunternehmen bedient
sich derselben Formen der Kundenansprache wie
die der Wirtschaftsunternehmen. Und umgekehrt
versuchen große multinationale Unternehmen,
ihren ramponierten Ruf mit »humanitärem Spon-
soring« aufzubessern. Die Solidarität ist also Bestandteil des Marktes geworden, eines Marktes der
Emotionen und des guten Gewissens, und damit

steht sie auch im Wettbewerb mit anderen Werten. Die Spende ist keine Gabe mehr, sondern ein Produkt. Sie ist einfach ein Angebot auf dem Markt des Glücksempfindens und steht neben rein egoistischen Ausgaben oder einem ostentativen Konsum.

Die Vernachlässigung der Solidarität ebenso wie ihre Einbettung in ein Marktgeschehen läßt dem Wettbewerb freie Hand. Er hält schlechthin überall Einzug, auch dort, wo er nichts zu suchen hat – etwa in der medizinischen Wissenschaft, die immer stärker Warencharakter annimmt. In der Folge haben sich in der medizinischen Forschung Dinge ereignet, die den Medizinern nicht gerade zur Ehre gereichen. Die Bekämpfung des Aids-Virus zum Beispiel wurde wie ein Match Amerika gegen Frankreich ausgetragen. Dabei scheute sich die amerikanische Mannschaft nicht, sich eine Entdeckung anzueignen, die ihr nicht gehörte. Umgekehrt begünstigte man aus reinem Handelsprotektionismus französische Testmethoden zur Feststellung einer Aids-Infektion und zögerte die Genehmigung eines zuverlässigeren amerikanischen Tests hinaus. Beide Male ging es um viel Geld, um Prestige, vor allem aber um den Wettbewerb.

Jeden Tag unternimmt irgendwo auf der Welt eine medizinische Forschungsgruppe unsinnige und gefährliche Experimente, nur um einen Wettlauf zu gewinnen, in dessen Verlauf die Manipulation der Gene und des menschlichen Körpers immer weiter vorangetrieben wird. Auch die Selektion von Em-

Der Wettbewerb hält schlechthin überall Einzug – auch dort, wo er nichts zu suchen hat.

bryonen ist natürlich kein medizinisches Gebot, sondern ein Imperativ der medizinischen Konkurrenz.

Anders als die Theorie uns glauben machen will, ist die Gewinnmaximierung durchaus nicht immer das Ziel, das sich Menschen und Organisationen setzen. Viele ziehen ein bescheidenes, dafür aber sicheres Einkommen vor, das nicht ein Engagement über vierundzwanzig Stunden und den vollen Kampfeinsatz fordert. Dabei spielt hier nicht so sehr mangelnde Risikofreude eine Rolle, sondern die Einstellung zum Wettbewerb.

Die Wirtschaftswissenschaften interessieren sich durchaus für das »rent seeking«, für den Versuch der langfristigen Gewinnsicherung, die Schutz vor den Wechselfällen des Wettbewerbs bieten soll. Die Logik der Konkurrenz geht indessen davon aus, daß ein Ausruhen gar nicht möglich ist. Eines Tages wird man vielleicht bemerken, daß der Versuch, die Menschen in einen dauernden Wettbewerb zu zwingen, ebenso dogmatisch und repressiv ist wie der, einen »neuen Menschen« zu erziehen. In diesem Sinn ist der Liberalismus genauso utopisch wie der Sozialismus; auch er ist ein Zwangssystem, freilich eines, das sich anderer Mittel bedient. Während der Sozialismus das Glück der ganzen Gesellschaft versprach, winkt beim Liberalismus am Ende des Wettkampfs das individuelle Glücksversprechen. Die Marktwirtschaft begeht also nicht den Fehler, feste Versprechungen einzugehen; sie stellt immer

Die Logik der Konkurrenz geht davon aus, daß ein Ausruhen gar nicht möglich ist.

nur etwas in Aussicht. Jeder kann sich in der Illusion wiegen und den Kampf auf eigene Kosten beginnen.

Will man die Triebkraft der Ökonomie und die Hoffnungen, die sich an sie knüpfen, verstehen, muß man die Rolle des »Traums«, die Rolle der Erfüllungssehnsüchte näher untersuchen. Denn Wettbewerb und Markt funktionieren vor allem als »Illusionen«. Das Wort »Illusion« stammt vom lateinischen Verb »illudere«, das wie »ludere« soviel wie spielen, dann aber auch spotten und spaßen heißt. Der Begriff der Illusion hat in der Vulgata die gegenwärtige Bedeutung von »Irrtum« und »Augenwischerei« angenommen. Im Französischen, Englischen und Deutschen hat die »Illusion« diesen negativen Bedeutungsgehalt behalten. Trotzdem wird allgemein behauptet, daß man ohne Illusionen nicht leben könne. Man meint damit, daß uns Hoffnungen das Leben leichter machen lassen, und zwar unabhängig davon, wie gut begründet diese Hoffnungen sind.

Das Spanische macht im Hinblick auf den Begriff der »Illusion« eine bemerkenswerte Ausnahme. Es scheint so, daß durch die Werke einer Reihe von Schriftstellern die »Illusion« einen etwas anderen Sinn hat: sie bezeichnet Enthusiasmus und Glück, eine Bedeutung, die dem gewöhnlichen, negativen Sinn teilweise zuwiderläuft. Dieser Enthusiasmus ist nicht auf die Gegenwart gerichtet, sondern er liegt ganz in der Erwartung, im persönlichen Einsatz und im Begehren. Unwichtig, daß diese »ilusión« schließlich enttäuscht wird, unwichtig, daß der oder die Liebende betrogen werden oder der

Parteianhänger von der Politik desillusioniert wird, denn eine Zeitlang – vielleicht sogar über eine sehr lange Zeit hinweg – konnten sie auf diese Weise in einer begeisternden, aufregenden Zukunft leben. Die kastilianische »Illusion« ist ein Fieber, das sich des Körpers und des Geistes bemächtigt und suggeriert, man stehe am Beginn einer großen Sache, die es wahrscheinlich aber niemals geben wird. Die Ökonomie ist genau in diesem Sinn eine Illusionsmaschine. Aber sie funktioniert schlecht, und oft genug vermag sie nicht einmal Hoffnungsfieber auszulösen.

Der spanische Philosoph Julian Marias erklärt in seinem »Versuch über die Illusion«, warum wir so häufig von dem mitgerissen werden, was uns Illusionen vorgaukelt. Die Zukunft, so Marias, zieht die Gegenwart zu sich heran, und so mischt sich die unzweideutige Fülle der Illusion mit dem schrecklichen Eindruck des Ungenügens in der Gegenwart. Die Illusion, verstanden als »Glück«, erfüllt sich niemals ganz, ist niemals gegeben, sondern bleibt wesentlich Hoffnung und Erwartung. Nicht das Erreichte zählt, sondern das, was man noch erreichen kann. Gerade weil die Illusion der Versuchung des festen Besitzes widersteht, wirkt sie auf die Menschen so ungemein anziehend.

Viele Menschen dürften das vage, große Glücksversprechen dem beschaulichen Besitz vorziehen, und in ihren besten Momenten spielt die Ökonomie brillant mit der Hoffnungstreue der Menschen. Denn in der Tat bieten die Konkurrenz wie der Konsum immer nur Hoffnungen und Erwartungen. Das »Immer Mehr« ist das Prinzip, dem sie gehorchen: immer mehr Spaß, immer mehr und immer größer. So geht es von einer Hoffnung zur nächsten, und genau darin liegt auch die Kraft oder die Magie der Ökonomie. Das Marketing ist die wissenschaftliche Seite dieser Magie, auf der man sehr genau verfolgt, wie und in welche Kaufimpulse sich die Erwartungen umsetzen lassen, wie die Enttäuschungen aufgefangen werden können und neuer Appetit zu erzeugen ist. Die Objekte, die die Sehnsucht der Menschen auslösen, sind alles in allem zweitrangig, denn es handelt sich in erster Linie um Akte der Selbstverführung.

Im Wettbewerb und im täglichen Spiel der Rivalitäten, die von der Ökonomie angeheizt werden, verhält es sich ähnlich. Es stellt sich eine Eroberungslust ein, die niemals ganz zu befriedigen sein wird. Man will einen bestimmten Vertrag, einen Job oder eine Professur, und tut alles, um das zu bekommen. Man buckelt und man stellt anderen ein Bein. Und wenn man dann irgendwann diesen Job oder diese Professur wirklich innehat, dann weiß man gar nichts damit anzufangen, sie sind schon langweilig geworden, und das nächste Karriereziel ruft schon. Auch hier geht es um Selbstverführung. Die Anerkennung durch den anderen, die man in der Rivalität erleben kann, wird zum einzigen Mittel der Selbsterfahrung.

Die Ökonomie läßt viele von uns gemeinsam auf ein Ziel losstürmen, das wir gar nicht kennen.

Ohne diese Illusion wäre es gar nicht verständlich, wie die Ökonomie so viele Individuen zusammenhalten kann und sie alle auf ein Ziel losstürmen läßt, das sie gar nicht kennen. All die verschiedenen Wettläufe um Arbeit, Reichtum oder

Konsum kreuzen untereinander und ergänzen sich in ihren Defiziten. Am Ende sind alle konsumfreudig und unternehmerisch gesonnen, bis hin zu den Ärmsten, die sich an den Sportwettbewerben begeistern können oder auf ihre Art Ökonomie treiben in Form von Lotterie- und Bingospielen. Gerade in dieser enormen Streubreite der Illusion liegt die große Macht des liberalen Wirtschaftssystem begründet. Wo eine politische Ideologie scheitern würde, hat die ökonomische Ideologie Erfolg, weil sie immer ganz offen auf verschiedenen Ebenen und Feldern spielt.

Indessen sollte die spanische Bedeutung der »illusión« nicht zu Illusionen verführen. Die Begeisterung und der Enthusiasmus sind nur die eine Seite des Wortes; auf der anderen steht immer noch der Irrtum und die Scheinhaftigkeit. Auch im spanischen Gebrauch des Wortes Illusion bestehen die beiden Bedeutungen nebeneinander. Im System der Konkurrenz und des Konsums gibt es diese beiden Seiten der Hoffnung. Wir lassen uns ja gerne täuschen, suchen immer noch mehr Illusionen – weil die Desillusionierung immer dicht auf dem Fuß folgt. Das Wissen darum trägt seinen Teil zum Leiden bei. Denn wenn der Schleier einmal zerreißt und wir die Konkurrenz und die Vorspiegelungen der Warenwelt als das erkennen, was sie wirklich sind, fühlen wir uns von der Ideologie verraten – und von uns selbst verkauft. In diesen Momenten sind wir nahe an der großen Desillusion, von der Freud im »Unbehagen an der Kultur« spricht: nahe bei einer Enttäuschung von der Menschheit, da man feststellen muß, daß all die außergewöhnlichen Fortschritte auf dem Gebiet der Wissenschaft und der Technik, die uns in einem völlig ungeahnten Ausmaß die Herrschaft über die Natur verliehen haben, in keiner Weise die Summe der Freuden erhöht haben, die der Mensch vom Leben erhoffen darf. Aber selbst diese Desillusionierung ist noch zum Teil eine Illusion und in jedem Fall trügerisch, weil wir gar nicht objektiv vom Glück reden können. Die Fähigkeit, uns von der Illusion des Fortschritts freizumachen, verdanken wir eben auch der Technik, die uns in die Lage versetzt, nachzudenken und dabei nicht zur Gänze den Notwendigkeiten des täglichen Lebens ausgeliefert zu sein. Wenn wir also keine Illusion über die Freuden und Trophäen der Konkurrenz mehr hegen, dann gerade wegen des Überflusses an Dingen, die uns umgeben, wegen der Bequemlichkeit der Ökonomie.

7. Die Entdeckung der Schnelligkeit

»Indem er nur auf sein Herz hörte,
das ihm nichts sagte,
hütete er sich davor,
einzugreifen.«

(Jules Resnard, Tagebuch, 1908)

Der frühere Präsident von *Sony*, Akio Morita, redet mehr, als es Japaner in führenden Positionen gemeinhin tun. Auf Konferenzen rund um den Globus erzählt er gerne den folgenden Witz: Zwei Manager stehen in der Savanne plötzlich einem Löwen gegenüber. Sie haben einen Wunsch frei, um sich aus dieser mißlichen Lage zu befreien. Einer der beiden sagt daraufhin wie aus der Pistole geschossen: »Ich wünsche mir ein Paar Turnschuhe.« »Aber auch mit Turnschuhen«, sagt die gute Fee, »sind Sie nicht schneller als der Löwe!« »Nein«, antwortet der Geschäftsmann, »aber schneller als mein Kollege.« Akio Morita und nachfolgende Kommentatoren fanden diese Geschichte vor allem deshalb sehr erbaulich, weil sie aufs schönste zeigt, wo der Schlüssel zum Erfolg liegt: Man muß besser sein als der andere. Das ist das Alpha und Omega des Wettbewerbs. Es geht nicht darum, gute Arbeit zu leisten, sondern nur darum, schneller als der Konkurrent zu sein. Der Zeitfaktor spielt in der Konkurrenz die zentrale Rolle.

Freilich liefert die Geschichte, die Akio Morita so gern erzählt, auch noch die eine oder andere weitere Wahrheit über den Wirtschaftswettbewerb. Da geht es offensichtlich nicht allein um Schnelligkeit, sondern auch um List und Feigheit. Wenn der Schriftsteller Jacques Henri Bernardin de Saint Pierre noch zu Beginn des 19. Jahrhunderts schrieb, daß die Gewalt die List hervorbringe, so scheint es heute genau umgekehrt: Die Tücke der ökonomischen Vernunft ruft allenthalben Gewalt hervor. In gewisser Hinsicht ist der Wirtschaftswettbewerb sogar schlimmer als Krieg. Denn die Konkurrenz kennt kein Ende und kein Ziel. Alle wissen, daß sie niemals aufhört, aber niemand weiß, wozu sie letztlich gut sein soll. Auf der anderen Seite ist die Konkurrenz auch eine Art der Kriegsvermeidung. Die Wertehierarchie der Konkurrenz hat in der Tat wenig mit der des Militärs gemein, auch wenn bestimmte Sekundärtugenden hier wie dort besonders deutlich in Erscheinung treten.

Die »Primeur«-Weine, die den Japanern so gefallen, sind ein Beleg dafür, daß die Gesellschaft sich mit recht mittelmäßigen Produkten zufriedengibt, wenn diese nur die Illusion eines Vorsprungs vermitteln.

Indessen ist Schnelligkeit ohne Zweifel der wichtigste Faktor in der Konkurrenzgesellschaft. Jede Handlung hat als dringlich und eilig zu gelten, und die Menschen beeilen sich, um bloß keine Gelegenheit zu verpassen. Und indem jeder sich beeilt, schneller zu sein als der andere, verpaßt auch jeder den Anschluß, weil man stets im Hinblick auf irgend jemand anderen zu spät kommt. Es gibt keine Möglichkeit mehr, zu einem Ende zu kommen. Bevor das eintreten könnte, manipuliert man die Menschen so, daß sie weiter im Hamsterrad der Konkurrenz laufen. Alles wird einfach künstlich gereift, Früchte und Gemüse nicht weniger als die Menschen selbst. Alles darf gerade so viel Charakter haben, daß es auf der Stelle konsumierbar und einsetzbar ist, unabhängig von Jahres- oder Lebenszeiten. Die »Primeur«-Weine, die den Japanern so gefallen, sind ein Beleg dafür, daß die Gesellschaft sich mit recht mittelmäßigen Produkten zufriedengibt, wenn diese nur die Illusion eines Vorsprungs vermitteln. Niemand wüßte zu sagen, worin der Nutzen dieses Vorsprungs eigentlich genau liegen soll. Es ist auch gleichgültig, denn wir konsumieren weniger ein Produkt als vielmehr einen vorübergehenden Rausch. Auch in der Welt des Showgewerbes sucht man um jeden Preis das Neue, Frische, sei es nun ein neuer Sänger oder ein junger Sportler. Denn allein in seiner Neuigkeit liegt sein medialer Wert begründet. Erster zu sein ist das Grundgesetz der Konkurrenzgesellschaft, und dieses Gesetz hängt die meisten ab. Dabei wendet man Geschwindigkeit auch auf Vorgänge an, die diese häufig gar nicht vertragen.

Das Tempo, das die Konkurrenz vorgibt, ist eine nervöse Schnelligkeit, die freilich mit Mobilität gar nichts zu tun hat. Niemals zuvor haben sich die Menschen bei ihrer Arbeit körperlich so wenig bewegt wie heute. Paul Virilio hat einmal darauf hingewiesen, daß die Teletechnologien darauf abzielen, die Notwendigkeit der Bewegung, ja die körperliche Bewegung selbst abzuschaffen und eine Kultur der Unbeweglichkeit hervorzubringen. Nach Virilio ist Bewegung aber eines der Grundrechte des Menschen. Die sportliche Bewegung in der Freizeit, die eine große Bedeutung erlangt habe, sei nicht zu vergleichen mit jener Bewegung, durch die man sich einen Bezug zur Welt und den Menschen aufbaue. Wenn der Sport also der Zerstreuung des ansonsten untätigen Körpers dient, so ist die Konkurrenz das Divertimento des Geistes. Sport und Wettbewerb sind Scheinbewegungen und erzeugen in den Beziehungen des Menschen zu sich selbst und zu den anderen einen hohen Grad an Künstlichkeit.

Die Konkurrenz ist der kürzeste Weg zum sozialen Aufstieg. Die Vielzahl der Wettbewerbsprozesse verdeckt freilich das Irreale dieses Wettrennens, in dem sich der einzelne zu befinden glaubt. In Gesellschaften, in denen der Begriff vom »Beruf« immer mehr verschwindet, ist es fast natürlich, daß das Ideal jedes einzelnen darin besteht, »es zu schaffen« – wobei gar nicht so klar ist, was eigentlich. Wenn der einzelne auch nicht so genau weiß, worin dieser Erfolg liegen soll, so lernt er indessen sehr genau, mit welchen Mitteln man ihm nachzujagen hat – und vielleicht ist genau das der einzige Erfolg, den das ganze Erfolgsstreben wirklich hat, für den einzelnen wie für die Gesellschaft. Der amerikanische Ökonom Frank Knight bemerkte schon in den zwanziger Jahren, daß das Gewinnstreben mehr oder weniger darauf hinauslaufe, dem Rivalen Beutestücke zu entreißen. Und er fügte hinzu, daß Industrie und Handel immer mehr Spielcharakter annähmen und mit Bedürfnissen und Bedürftigkeiten nichts mehr zu tun hätten.

Das Ideal jedes einzelnen besteht darin, »es zu schaffen« – wobei gar nicht so klar ist, was eigentlich.

Jede Geste, die sich durch Langsamkeit auszeichnet, wie etwa die Pflege eines anderen oder auch die Besinnung auf sich selbst, fällt aus der Logik der Konkurrenz und der Ellenbogen heraus. Denn es handelt sich hier um geradezu nutzlose Gesten, die die Hetzjagd der Menschen nur aufhalten. Zu geben, großzügig oder einfach faul zu sein, nachzudenken und viele andere nicht unmittelbar produktive Beschäftigungen sind nach dieser Logik völlig indiskutabel. Gleichwohl ist auch heute noch richtig, was der Maler Gustave Moreau einmal gesagt hat: Man muß eine Sache nur mit ausreichend Muße anschauen, schon wird sie interessant. Der Druck, unter dem die Gesellschaft heute steht, läßt diese Muße aber kaum noch zu. Weder die Gesellschaft als ganze noch der cinzelne kann sich heute noch wirklich Zeit nehmen. Oder vielmehr: Er muß sie sich wirklich *nehmen*, weil er sie sonst nicht hat und nicht bekommt. Durch diesen permanenten Zustand des Gehetztseins kommt es dann zu dem paradoxen Ergebnis, daß alles, was sich nicht in Beziehung zum allgemeinen Wettbewerb setzen läßt, uninteressant oder gar sinnlos erscheint. In den zwanziger Jahren dagegen attestierte Frank Knight auch dem Scheitern noch seine eigene Würde. Es gab noch das Wissen darüber, daß ohne die Außenbereiche des wirtschaftlichen Wettbewerbs dieser selbst gar nicht zu denken wäre. Ohne eine Auslinie verlören in der Tat viele Spiele ihren eigentlichen Reiz und Sinn. Knight meinte, daß es gerade in den Vereinigten

> **Jede Geste, die sich durch Langsamkeit auszeichnet, wie etwa die Pflege eines anderen oder auch die Besinnung auf sich selbst, fällt aus der Logik der Konkurrenz und der Ellenbogen heraus.**

Staaten, wo Sport und Geschäftsleben auf dem Höhepunkt stünden, genaugenommen nur zwei Tugenden gebe: zu siegen und mit Würde aus dem Spiel auszusteigen, nachdem man verloren habe. Die Wettkampfmentalität, die Moral des Siegers, die aus so vielen Menschen Verlierer macht, und eine hohe Ausgangsaggressivität werden schon im jüngsten Alter erlernt.

Die Schule ist weniger ein Ort der Ausbildung denn der Auslese; und sie ist der Ort, wo der Wettkampf systematisch gelernt wird.

Die Schule ist weniger ein Ort der Ausbildung denn der Auslese; und sie ist der Ort, wo der Wettkampf systematisch gelernt wird.

Es reicht nicht, pünktlich zu sein, sondern man muß dauernd unterwegs sein und immer irgendwo ankommen. Nicht zufällig ist das Jogging, das Vor-sich-Hinlaufen, in Mode gekommen: Es ist eine Bewegung ohne Ziel. Sinn und Zweck zu vergessen ist eine der großen Anstrengungen unserer Zeit. So läuft man durch Straßen oder Parks, und alles andere versinkt im Rhythmus des Laufens. Die Anstrengung schafft eine wohltuende Leere. Genauso vergessen die Menschen bei der Nervenanstrengung des täglichen Konkurrenzkampfes, was sie eigentlich wollten und warum sie sich so anstrengen. Der Wettbewerb dient so in erster Linie der Selbstvergessenheit. Da es stets unbequem ist, darüber nachzudenken, was man sich wirklich wünscht – zumal man nie so genau weiß, was dabei herauskommt –, läßt man sich lieber vom Wettkampf vereinnahmen, in dem die Illusionen wohlbehütet sind und der uns vor allem vermittelt, wir kämen voran.

So zählt es zu den Geheimnissen des Marketing,

Wünsche und Sehnsüchte in Notwendigkeiten zu verwandeln und umgekehrt. Dabei ist die wirkliche Sehnsucht, der eine ganz eigene Notwendigkeit innewohnt, nicht akzeptabel, weil sie blind ist für Funktionalität und Rationalität des Alltags, weil sie heftig ist, und manchmal unkontrollierbar. Und auch die künstlichen Sehnsüchte sind nur etwas wert, wenn die anderen sie teilen. Denn je weiter man sich vom Notwendigen entfernt, desto stärker werden die mimetischen Effekte der gesellschaftlichen Wunschbefriedigung, auf die sich Marketing und Werbung spezialisiert haben.

Freilich fordert die Ideologie des Ellenbogenprinzips letztlich etwas anderes – nicht so sehr, den anderen zu imitieren, sondern ihn zu übertreffen, ihn »zu schlagen«. Zwar gibt es bei jedem Wettbewerb auch eine geheime Identifikation mit dem Gegner, sie spielt aber eine untergeordnete Rolle. Der Konkurrent schiebt sich in den Vordergrund und imitiert den anderen allenfalls vorübergehend, wenn es ihm Vorteile bringt. Man kann es auch folgendermaßen formulieren: Als Konsumenten verhalten sich die Menschen mimetisch, schauen sich ihre Bedürfnisse voneinander ab; als Konkurrenten befinden sie sich immer im vorauseilenden Marktgehorsam und in der Selbstvergessenheit. Gerade diese Vergessenheit, die den Mitmenschen und das Mitgefühl ausschließt, ermöglicht es den einzelnen, sich konkurrent zu verhalten.

Die Konkurrenzgesellschaft verspricht eine Freiheit, die sie niemals einlösen kann; gleichzeitig aber

Als Konsumenten verhalten sich die Menschen mimetisch: Sie schauen sich ihre Bedürfnisse voneinander ab.

verschleiert sie das Bewußtsein dafür, daß jeder in der Schuld eines anderen steht. Es spricht nicht gerade für profunde Welterfahrung, daß Léon Walras genau auf dieser Linie Freiheit als einen Zustand definierte, in dem man niemandem etwas schulde. Dem Anschein nach ist das Individuum im Zustand der Konkurrenz frei; dort aber, wo Nehmen und Geben herrschen, gibt es auch Zwänge und Verpflichtungen. In den traditionellen Gesellschaften, in denen das Prinzip von Gabe und Gegengabe praktiziert wurde, waren es nicht so sehr die Individuen, sondern Gruppen, die sich einander verpflichteten. Der französische Anthropologe Marcel Mauss betonte in diesem Zusammenhang, daß der Gabenaustausch nur dem Anschein nach frei und gerne vollzogen werde, tatsächlich aber in hohem Maß gezwungermaßen und als Mittel zum Zweck erfolge. Wenn die traditionellen Gesellschaften also durchaus wußten, was es mit der Freiheit dieses Austauschs auf sich hatte, so hat sich dieses Wissen in den sogenannten entwickelten Gesellschaften verloren. Zugleich wurde auch vergessen, was eine Gabe sein kann.

Nebenbei bemerkt: Noch vor Buddha oder Jesus lehnte Konfuzius den Gedanken der Konkurrenz ab. Der »Meister« sagt, daß ein ehrenhafter Mann den Wettbewerb abzulehnen hat, es sei denn, es geht um das Bogenschießen, den Sport, in dem die chinesischen Adligen sich zu messen pflegten. Aber selbst da verbeugt er sich beim Betreten der Arena vor seinen Gegnern und bleibt ein ehrenhafter Mann.

Vierundzwanzig Jahrhunderte später stellte der amerikanische Soziologe J. C. Diggory mit derselben Sportart ein interessantes Experiment bei Schulkindern an. Er zeigte nämlich, daß das Interesse der Kinder am Bogenschießen schnell nachläßt, wenn sie nicht mehr nach eigenem Gutdünken auf die Zielscheibe schießen, sondern einen Wettkampf bestreiten sollen. Diggorys Versuchsanordnung sah folgendermaßen aus: Zunächst ließ er die Kinder ohne Anleitung eines nach dem anderen auf die Zielscheibe schießen, und offenbar gefiel das den Kindern recht gut. Dann bildete Diggory zwei Gruppen. In der ersten Gruppe hielt der Spielleiter die Spieler dazu an, bei jedem Schuß so gut zu zielen, wie sie nur irgend konnten. Es ging also vor allem um die Beherrschung des Bogens und um Geschicklichkeit. Den Spielern der zweiten Gruppe wurde dagegen gesagt, sie müßten versuchen, besser zu sein als die anderen. Diese zweite Gruppe folgte also der Logik des Wettbewerbs. Nun ließ Diggory erneut die Motivation und die Begeisterung der Kinder in den beiden Gruppen feststellen. Darüber hinaus maß er, wie lange die Kinder bei diesem Spiel mitspielen wollten. Dabei kam heraus, daß die Kinder der ersten Gruppe, die nicht in einer Konkurrenz standen, länger zu spielen bereit waren als die der zweiten Gruppe. Die Kinder der zweiten Gruppe aber, die gegen ihre Kameraden gekämpft hatten, waren nun nicht mehr für das einfache, selbstbezogene Bogenschießen zu begeistern. Das Vergnügen der Kinder verwandelte sich und hing nicht mehr an der eigenen Vervollkommnung im Bogenschießen, sondern nur mehr daran, besser zu sein als die gegnerische Gruppe. Auf diese Weise wird Erfolg im Verhältnis zu anderen definiert und nicht im Hinblick darauf, was man selbst leisten will und kann.

Was man bei diesem Experiment in erster Linie beobachten konnte, war nicht das Unterliegen des einen und das Gewinnen des anderen. Es war vielmehr das Unterliegen, die Niederlage des Spiels selbst. Man darf daraus durchaus folgern, daß das Individuum, dessen Leben durch eine Abfolge von Wettkämpfen aller Art gegliedert ist – sei es in der Schule, an der Universität oder am Arbeitsplatz –, schnell den Geschmack an den Dingen und den Menschen selbst verliert und all seine Energien auf den Wettkampf lenkt. Wirtschaftlich gesprochen bedeutet das, daß jeder Akteur sein Eigeninteresse als absolut betrachtet und darüber das Anliegen seiner Kunden, der Konsumenten und selbst des Unternehmens, dem er dient, aus den Augen verliert. Ähnlich verhält es sich auch in der Politik, die häufig genug im reinen Gegeneinander aufgeht, bei dem es auf Ziele nur insoweit ankommt, als sie innerhalb der Parteienkonkurrenz nützlich sind. Richard von Weizsäcker hat einmal bemerkt, daß es um die Politik besser bestellt wäre, wenn die Politiker bei der Lösung von Problemen ebenso klug und engagiert handelten wie im Kampf um die Macht. Dabei geht es weniger um eine allgemeine Politikerschelte oder um Charakterschwächen einzelner Figuren. Vielmehr ist es die dauernde Konkurrenz, welche die Menschen zur Verleugnung ihrer selbst verleitet. Das ist auch einer der Gründe dafür, daß in den politischen Debatten Lüge und Konkurrenz verschwistert sind. Erst wenn der einzelne plötzlich aus dem Rennen ist, fällt die Maske. Wenn der Angestellte seine Arbeit verliert, merkt er bald, daß er für sich selbst genommen fast nichts (mehr) ist. Es fehlen ihm Antrieb und Nervenkitzel des Konkurrenzkampfs, der ihn jeden Tag ein Stückchen weiter von sich selbst weggetrieben hat. Ob es nun um das Bogenschießen oder um die Führung eines multinationalen Unternehmens geht: die Konkurrenz macht aus der freien Entfaltung einen Zwang.

Ob es nun um das Bogenschießen oder um die Führung eines multinationalen Unternehmens geht: die Konkurrenz macht aus der freien Entfaltung einen Zwang.

Die Herstellung von Leistung, die für die Sportindustrie so unerläßlich ist, ähnelt der Herstellung neuer Bedürfnisse und neuer Waren. Die Innovation ist alles, das Wie ist nebensächlich. Deshalb verbessert man beständig die Materialien, ändert Details oder arbeitet mit Tricks. So haben synthetische Böden die alte Aschenbahn verdrängt, und gewaltige Schaumstoffblöcke erlauben es den Stabhochspringern, ohne Gefahr auf den Rücken zu fallen, wenn sie mit ihren Glasfiberstäben über bislang unvorstellbare Höhen springen. Selbst die Schuhe wiegen dreihundert Gramm weniger als früher. Und wenn man nicht weiter am Material arbeiten kann, versucht man mit allen erlaubten und unerlaubten Mitteln, den Körper des Sportlers zu manipulieren. So ist jeder Hochleistungssportler von einer ganzen Mannschaft umgeben: vom Ernährungswissenschaftler über Trainer, Agenten bis hin zum Psychologen.

Der heutige Hochleistungssport ist ein Beleg dafür, daß der Wettbewerb nicht gerade eine gesunde

Übung darstellt. Pierre Coubertin sah im Athleten die Kombination eines kühnen Geistes mit einem trainierten Körper. Heute wird dieser Körper mit allen möglichen Hormonen und Chemikalien behandelt, sonst würden wahrscheinlich längst keine Rekorde mehr gebrochen. Die Sportler wissen sehr genau um das Dilemma, in dem sie stecken. Kaum ein Sportler mag sich der Mittel begeben, die es ihm erlauben, in der Weltspitze mitzuhalten. Und genau daran hängt eine ganze Traube von Interessen. Die Rekordschau ist um so notwendiger, als nur Rekorde das große Geld anziehen.

In der Formel 1, in der fabulöse Summen im Spiel sind, ist die Konkurrenz der eigentliche Lebensnerv. Mit allen Mitteln, von der Spionage bis hin zur Psychologie, versucht man sich hier, Wettbewerbsvorteile zu verschaffen. Die Fahrer riskieren währenddessen immer noch ihr Leben. So ist das Autorennen in mancher Hinsicht ein Abbild des Geschäftslebens – mit eingebauter Lebensgefahr.

Ein Spiel, so erläutert Roger Caillois, ist entweder durch Regeln bestimmt – etwa wie das Fußballspiel – oder es ist fiktiv. Wenn Kinder »Räuber und Gendarm« spielen, tun sie so »als ob«. Auf strategischen Sitzungen großer Unternehmen wird auch so getan »als ob«. Als ob man sich im Krieg befinde, als ob der Konkurrent schon vor den Toren des Unternehmens stünde, um den Markt für sich allein zu erobern. Auf diesen Sitzungen agiert man zu gewissen Teilen mit einer Fiktion, die die Phantasie stimuliert und die Atmosphäre anheizt. Gleichzeitig muß das durch Fiktion und Antizipation angeregte Geschäftsleben präzisen Regeln folgen. Roger Caillois hat recht hellsichtig vier Arten von Spielen unterschieden. Bei den agonalen Formen herrscht der Wettkampfgedanke, bei anderen der Zufall, die Nachahmung oder die persönliche Herausforderung, bei deren Bewältigung man zugleich vor sich flüchtet und ganz bei sich ist. Was das Konkurrenzspiel so attraktiv macht, ist gerade die Kombination dieser vier Spielarten. Im Geschäftsleben spielt trotz aller Berechnungen natürlich auch der Zufall eine Rolle; Nachahmungen und Rollenspiel bis hin zur Karikatur sind ebenfalls an der Tagesordnung. An Herausforderungen hat der Konkurrenzkampf schließlich auch einiges zu bieten. Es versteht sich freilich von selbst, daß diese Herausforderungen nur von den oberen Rängen wirklich genossen werden können. Für den Rest der Belegschaften gibt es meistens bloß die Herausforderung, um die Gunst des Chefs zu konkurrieren. Die mittleren Hierarchieebenen dürfen sich in den agonalen Formen üben und gelegentlich bei großen Sitzungen, auf denen »die Truppe heiß gemacht« wird, ihre Chefs imitieren.

Die enorme Konjunktur der Strategie- und Rollenspiele ist alles andere als unschuldig in einer Zeit, in der die Rolle das Individuum definiert. Es handelt sich dabei oft um eine Art Kriegsersatz. Die »Persönlichkeit« der Mitarbeiter soll geformt werden. Wenn dabei auch kein Blut fließt – in der wirklichen Welt der Wirtschaft haben diese Spiele doch sehr konkrete und schmerzhafte Auswirkungen auf die

Strategie- und Rollenspiele sind alles andere als unschuldig, sondern oft eine Art Kriegsersatz.

Menschen. Das kümmert die Akteure freilich wenig, weil sie in der Erregung des Wettkampfs die Folgen ihrer Entscheidungen entweder billigend in Kauf nehmen oder aber schlicht ignorieren.

Es gibt freilich auch Theoretiker, die das Spiel der Konkurrenz ausschließlich unter dem Gesichtspunkt der Mimikry betrachten. Für den Philosophen René Girard ist der ökonomische Wettbewerb nichts anderes als eine mimetische Rivalität, bei der es keine Opfer gibt. Ebenso wie Veblen begreift er die Geschäftsleute (wie auch die Intellektuellen) als eine Klasse von Müßiggängern. Girard meint, daß es sich um Milieus handele, in denen das Fieber der Konkurrenz und die Qualen des Aufstiegs sich in einem Feld relativen Müßiggangs ereignen, das die gegenseitige Beobachtung begünstige. In dem Maß, in dem diese Konkurrenzsituation allgemein wird, beginnen sich auch die Neurosen auszubreiten. Und diejenigen, so Girard, die immerzu damit beschäftigt sind, ihren Weg zu machen, sind geradezu besessen von dem, was den Rivalen »herunterziehen« könnte. Diese Manisch-Depressiven, so Girard, haben ein besonders ausgeprägtes Bewußtsein von der radikalen gegenseitigen Abhängigkeit der Menschen und der Unsicherheit, die daraus entsteht. Das ist einer der Gründe dafür, daß es auch in der Wirtschaft nur mehr selten ungebrochene Siegesgewißheit gibt. Man weiß einfach zu genau, wie schnell aus dem Idol ein Sündenbock wird, zumal in einer Gesellschaft, die sich in einem tiefgreifenden Wandlungsprozeß befindet. Nach Girard leben wir also in einer Gesellschaft, die das Opfer nicht mehr zur Schaffung ihres inneren Zusammenhangs benötigt. Dabei habe gerade die Praxis des Opferns den Menschen urspünglich zu einem ökonomischen Wesen gemacht; die Wirtschaft entspringe aus dem Opfer.

Ganz stimmig scheint die Argumentation Girards indessen nicht. Denn auch, wenn wir die Ausbreitung von Neurosen als Anzeichen unbewältigter, nicht durch ein Opfer »gelöster« Konflikte betrachten wollen, so erlebt man doch immer wieder, daß auch in der Geschäftswelt (und ebenso bei den Intellektuellen) Sündenböcke produziert werden, auf die man alle Übel dieser Welt schieben kann. Es trifft dabei häufig Leute, die schnell, zu schnell aufgestiegen sind – wie beispielsweise den auch in Deutschland bekannten Mitterrand-Spezi Bernard Tapie, den ostdeutschen CDU-Politiker Günter Krause oder auch die Talkmasterin Margarethe Schreinemakers. Diese Parvenus spiegeln das Gebaren ihrer Mentoren allzu kraß und werden ihren Ziehvätern lästig, weil sie darin ihr ungeschminktes, realistisches Ebenbild erblicken müssen. Diese Emporkömmlinge geben in der Tat die besten Sündenböcke ab, und oft ist es nur eine Frage der Zeit, wann sie den Schutz ihrer Förderer verlieren.

Es ist schwierig, einen Konkurrenten zu bekämpfen, den man gar nicht kennt und der einem a priori nichts Böses will.

Man wird also wohl einräumen müssen, daß die Wirtschaft nicht allein auf mimetische Rivalitätsspiele zurückgeführt und als Beschäftigung der müßigen Klassen begriffen werden kann. Rivalität setzt immerhin ein Gefühl voraus: Freundschaft, Liebe oder Haß. Die Konkurrenz, das Ellenbogenprinzip, kennt ausschließlich narzißtische Gefühle.

Wie die Eifersucht setzt auch die Rivalität eine Wechselbeziehung zwischen den Individuen voraus. Die Konkurrenz ist darauf nicht angewiesen. In Rivalitätsverhältnissen gibt der andere das Negativbild ab, weil man ihn nicht mag, oder weil er beispielsweise versucht, sich auf meine Kosten zu bereichern. In der Konkurrenz bekämpft man dagegen den anderen, weil er stärker oder reicher ist als man selbst. Freilich ist das nicht das letzte Wort: Es ist schwierig, einen Konkurrenten zu bekämpfen, den man gar nicht kennt und der einem a priori nichts Böses will.

Aus diesem Grund muß der Konkurrent zum Rivalen gemacht werden; man fügt das Gefühl hinzu, wo eigentlich nur Berechnung war. So nimmt es der kleine Geschäftsinhaber dem Leiter des Supermarkts persönlich übel, daß er nur mehr die Krümel vom reich gedeckten Tisch erhält. Am Ende wird er ihn vielleicht sogar hassen. Denn Haß kommt zweifellos da auf, wo man gegen den Rivalen nichts ausrichten kann, und man haßt nur den, den man nicht niederwerfen kann. So kann es auch einem Industriellen gehen: in seiner Einbildung macht er aus den Japanern »Teufel«, die abkupfern und betrügen, und ist von dieser Feindvorstellung regelrecht besessen.

Anders als die Rivalität ist die Konkurrenz leichter rational zu beherrschen und auch rückgängig zu machen. Wenn der Leiter des Supermarkts dem Geschäftsinhaber anbietet, einen Laden im Supermarkt zu eröffnen, wenn der Industrielle eine Allianz mit den Japanern eingeht, hört die Konkurrenz auf, auch wenn ihr Züge einer Rivalität beige-

mischt waren. Statt dessen tauchen nun andere
Konkurrenten auf, mit denen man sich herum-
schlagen muß. Auf diese Weise wird der Konkurrent zum Verbündeten und der Verbündete zum
Konkurrenten. Mit seinen Feinden so umzugehen,
als müßten sie eines Tages Freunde werden, mit
den Freunden so umzugehen, als würden sie eines
Tages Feinde, entspricht weder dem Wesen des
Hasses noch den Regeln der Freundschaft. Es ist
insofern auch keine moralische, sondern eine politische Maxime, meinte der französische
Moralist La Bruyère. Und La Bruyère
hat heute mehr recht denn je. In der
Konkurrenzgesellschaft gibt es keine
Moral, nicht einmal Kampfregeln, sondern nur die Niedrigkeiten der Politik.
Um diese Übergänge zwischen Eifersucht, Rivalität und Konkurrenz zu er-
läutern, sei eine literarische Abschweifung erlaubt.
In dem großartigen Stück »Lorenzaccio« hat Al-
fred de Musset all diese Varianten einmal durchge-
spielt. Das Stück spielt im Florenz des Jahres 1537.
Gegen Alexander Medici hat sich eine Verschwörung gebildet. Alexander wird umgebracht, aber
bald nimmt ein anderer Medici, ebenfalls ein Auto-
krat, dessen Platz ein. Lorenzo, der Kopf der Verschwörung und der Urheber des Blutvergießens, ist
weder der Rivale noch ein mimetisches Abbild
Alexanders, sondern vielmehr dessen erbitterter
Konkurrent. Und insofern wirkt er, als sei er unser
Zeitgenosse. Er ist von Natur aus schwach und
wird mehr aus Zufall zum Attentäter. Von sich
selbst sagt er, daß er weder gut noch böse sei, aber

**In der Konkurrenz-
gesellschaft gibt es
keine Moral, nicht
einmal Kampfregeln,
sondern nur die
Niedrigkeiten der
Politik.**

unbedingt bedeutend sein wolle. Lorenzo, ein Cousin der Medicis, ist also ehrgeizig, und er erträgt die Tyrannei nicht. Tatsächlich aber ist die Konkurrenz sein eigentlicher Antrieb, und es ist ihm gleichgültig, auf welche Weise er seine Konkurrenzgier befriedigt. Sobald sein Konkurrent von der Bildfläche verschwunden ist, interessiert er sich auch nicht mehr für die Politik.

Hamlet tötet aus Notwendigkeit, Lorenzo aus Feigheit. Lorenzo ist der ewig Besorgte und der ewig Enttäuschte. Er ist ängstlich und kalkuliert jeden seiner Schritte genau. Will er die Gunst eines Verschwenders erlangen, wird er selbst zum Verschwender. Stets der Konkurrent eines anderen sein zu müssen, erst der von Clemens, dann der von Alexander oder sogar der von Strozzi, schenkt keine Freude. So heißt es von Lorenzo, er sei ein Schurke, der in seinem Leben noch keine drei Male gelächelt habe. Selbst seine Mutter erkennt ihn zuerst nicht wieder: Alle Schönheit sei aus seinem Gesicht gewichen. Wie aufsteigender Rauch sei die Schlechtigkeit und Verderbnis seiner Seele ihm ins Gesicht gestiegen. Sind mit der »Verderbnis der Seele« hier allein das ausschweifende Leben Lorenzos, seine Affären und seine üblen Streiche gemeint? Oder ist es nicht vielmehr die ziellose Konkurrenz selbst, die sein Gesicht geformt und entstellt hat?

Ebenso wie Lorenzo, der bedenkenlos tötet, handelt auch der Konkurrent von heute. Er will vorankommen, egal zu welchem Preis. Lorenzo weiß, daß er verachtet wird, aber das zählt für ihn nicht. Lorenzo ist auf keinen Fall eine Verkörperung des Bösen wie Lady Macbeth. Er trägt lediglich an dem

Schmerz, ein Nichts zu sein. Diesen Schmerz will er in der Konkurrenz lindern, hierin will er sich messen und seine Größe finden. Gerade dieses Bedürfnis aber führt zum Selbstverlust, und zwar gleich doppelt. Denn erst verliert Lorenzo seine Seele, und dann verliert er auch sein Leben. Nach dem Attentat muß er nach Venedig fliehen, ohne die Republikaner noch warnen zu können. Dort wird er schließlich umgebracht von einem, der sich das auf ihn ausgesetzte Kopfgeld verdienen will.

Am Ende reduziert sich das Leben auf die Frage nach der sozialen Stellung, die man einnimmt. Die Welt der Konkurrenz ist ein Theater, in dem sich jeder seine Rolle selbst suchen muß. Wenn der Schauspieler die Bühne das erste Mal betritt, ist er noch keineswegs eins mit seiner Rolle. Erst nach und nach verinnerlicht er die Eigenschaften und Attribute, die dazugehören. Und die Frage lautet: Welchen Platz nehmen sie in der sozialen Hierarchie ein, welches Geschäft verbindet sie mit der Welt? Das Moderne an Lorenzo ist, daß er seinen Platz und seine Rolle nicht findet. Dem Namen nach ist er ein Medici, aber er ist durch die Fahrlässigkeit seines Vaters verarmt, er ist durch das Studium der römischen Klassik zum Intellektuellen geworden, er ist Republikaner aus Idealismus und ein Schlemmer aus Lust. Aber nichts vermag ihn dauerhaft zu beschäftigen. Keine Arbeit fesselt ihn. So tritt er schließlich in Konkurrenz gegen alle. In Konkurrenz zu seinen Cousins und in Konkurrenz zu dessen Feinden. Er ist der Konkurrent schlechthin, der Mann des Todes.

Die Welt der Konkurrenz ist ein Theater, in dem sich jeder seine Rolle selbst suchen muß.

Man kann also zunächst davon ausgehen, daß die Rivalität subjektiv ist und eine Beziehung zwischen zwei Personen herstellt, während die Konkurrenz eine rein zweckorientierte und eher objektive Handlung darstellt. In der Rivalität begreift sich also jeder als der Rivale des anderen, und der Konflikt entsteht gerade aus der Leidenschaft der Beziehung. Anders die Konkurrenz: Während ich mich als Konkurrent von X verstehe, kann dieser sich als Konkurrent von Y sehen. Ein zweitrangiges Unternehmen auf dem nationalen Markt kann sich durchaus die Nummer eins zum Angriffsziel wählen, während diese Nummer eins, ein multinationales Unternehmen zum Beispiel, seine Konkurrenten eher auf anderen Kontinenten ausmacht. In diesem Sinn gleicht die ökonomische Konkurrenz eher der Politik, wo Bündnisse ebenso leicht geschlossen wie aufgehoben werden und wo der Kunst, sich seinen Feind zu suchen, wesentliche Bedeutung zukommt, wenn man Carl Schmitt Glauben schenken soll.

Ist die Rivalität grundsätzlich symmetrisch, so stellt die Konkurrenz eine asymmetrische Funktion dar – einer der Gründe, warum sie einerseits schneller aufzuheben ist und warum sie sich andererseits viel schneller verbreiten kann. Es wäre freilich eine Täuschung, hielte man die Konkurrenz wirklich für umkehrbar. Denn wie die Wirtschaft selbst schafft sie unablässig unumkehrbare Konstellationen, in denen sie sich vor allem selbst perpetuiert. Polarisierungen entfallen, dafür aber ist die Lage jedes einzelnen zu jeder Zeit prekärer geworden. Jeder kann heute Opfer einer Umstrukturierung oder eines generell veränderten Wirtschaftsverhaltens werden.

Darüber ist sich auch niemand im unklaren. Diese Art Opfer wirken nun aber nicht befreiend, erlösend oder versöhnend. Wenn man überhaupt solche anthropologischen oder religionshistorischen Dimensionen in Anschlag bringen will, dann sind die Opferriten der Konkurrenzgesellschaft sicherlich verschleiert und ins Innere des Individuums verlagert. Es ist alles andere als evident, wie Gesellschaften heute die durch Konkurrenz und Geschwindigkeit erzeugte Spannung abbauen.

Ein weiteres Charakteristikum der Konkurrenz ist, daß sie keine Gegnerpaare hervorbringt. Häufig möchte man den Konkurrenten nicht einmal kennenlernen. Der deutsche Soziologe Georg Simmel hat einmal zu Recht festgestellt, daß man nur mit Leuten konkurrieren kann, die man möglichst nicht persönlich kennt und mit denen man weder eine persönliche noch gar eine physische Auseinandersetzung zu führen wünscht. In den großen Unternehmen kreuzen sich freilich die Formen der Konkurrenz und der Rivalität, angereichert durch Eifersucht und Neid. Keine Konkurrenz kommt ganz ohne Affekte aus – und der Ökonom Walras hatte auch keine Einwände gegen eine funktionale Emotionalisierung. Die Unternehmensleitungen wissen sehr wohl, daß Affekte ein ganz guter Motor sein können, über den man mehr Leistung stimulieren kann. Sie nutzen das nicht selten, um den internen Wettbewerb explizit zu personalisieren; am häufigsten jedoch werden Affekte eingesetzt, um die Belegschaft gegen den großen Feind, das Konkurrenzunternehmen, zu mobilisieren. Dieser Konkurrent schließlich wird dann zu einer Art Sündenbock gemacht. Daher dann die Rede von den »gemeinen Amerikanern«, den »japanischen Ameisen« und was es an Kampfbezeichnungen mehr gibt.

Diese eher irrationale Form der Auseinandersetzung gehört nicht zum Kern der rationalen Konkurrenz, ist aber wichtig vor allem für die Motivation der unteren Chargen eines Unternehmens. Es kann allerdings unter bestimmten Bedingungen passieren, daß zwei Unternehmensführer ihre Konkurrenz in eine erbarmungslose Rivalität verwandeln und sich über alle Vorsicht hinaus in den Strudel einer Auseinandersetzung ziehen lassen, die mit den ökonomischen Notwendigkeiten nichts mehr zu tun hat und möglicherweise das eigene Unternehmen sogar gefährdet. Es hat hier berühmte Fälle gegeben, so etwa die beiden Chefs der französischen Unternehmensgruppe Suez und der italienischen Gruppe De Benedetti. Beide Unternehmen gingen schwer angeschlagen aus diesen Kämpfen hervor.

Man kann also zunächst davon ausgehen, daß der Konkurrenz Berechnung und eine gewisse Zweckrationalität zugrunde liegt, und daß andere Formen der Auseinandersetzung, vor allem die der affektgeladenen Rivalität, mehr zufällig einschießen; ein Zufall, der allerdings doch häufiger eintritt. Es gilt dann aber noch zu verstehen, welche Auswirkungen die Asymmetrie der Konkurrenz hat. Sie nämlich ist hauptsächlich dafür verantwortlich, daß die Gesellschaften immer weiter in eine Richtung dynamisiert werden, die man aus alter Gewohnheit noch »Fortschritt« oder auch »Innovation« nennt. Es ist kaum vorstellbar und hätte ungeheure Auswirkungen, würde man versuchen, diesen Prozeß zu verlangsa-

men oder gar aufzuhalten. Hier ist eine fatale, eigen-
gesetzliche Dynamik am Werk, die maßgeblich zur
Hegemonie der liberalen Ideologie beiträgt.

Im konkreten Fall sieht das so aus, daß die Führung
eines Unternehmens einer Werbefirma Anzeigen
und Plakate des Konkurrenzunternehmens zeigt
und ähnliches verlangt – nur noch besser soll es sein.
Und den Charakter der eigenen Marke unterstreichen. Auch der Künstler muß versuchen, auf einer
Welle mitzufahren, zugleich aber sein Distinktions-
signal, das ihm allein gehört, wirkungsvoll zu plazie-
ren. Es ist schon merkwürdig, daß überall dort, wo
die Konkurrenz herrscht, man sich zu eigen machen
will, was der andere tut, zugleich aber alles dafür tut,
um sich wiederum davon abzusetzen und in irgendeiner Form darüber hinauszugehen. Kein Wunder,
daß die vermeintlichen Marktneuigkei-
ten oft gar keine wirklichen Innovationen sind. Die Elemente, aus denen
sich Gebrauchsgüter zusammensetzen,
sind ähnlich und unterscheiden sich nurmehr durch unwichtige Äußerlichkeiten. Äußerlichkeiten, die auffällig und
distinktiv genug sein müssen, um einen
höheren Preis zu rechtfertigen. Es ist ein
hübsches Paradox, daß eine Ökonomie,
die auf unablässige Neuerung gründet, so oft zur
mehr oder weniger versteckten Wiederholung und
Reproduktion des Bekannten gezwungen ist.

Die Befürworter des Wirtschaftsliberalismus machen gerne geltend, daß die Konkurrenz jedermann
dazu ansporne, sich etwas einfallen zu lassen, unternehmerisch tätig zu werden, was dann insge-

Es ist ein hübsches Paradox, daß eine Ökonomie, die auf un-ablässiger Neuerung gründet, so oft zur mehr oder weniger versteckten Repro-duktion des Bekann-ten gezwungen ist.

samt der Gesellschaft zugute kommen soll. Dabei verwechseln diese Ideologen zwei Dinge. Sie verwechseln Konkurrenz und Wetteifer. Der Begriff des Wetteifers wirkt zweifellos etwas anachronistisch, die Sache, die er bezeichnet, ist es freilich nicht. Und der Wetteifer ist alles andere als ein Synonym für Konkurrenz. Er ist vielmehr ihr Gegenpol. So legt Descartes in seiner Abhandlung über die Leidenschaften Wert auf die Unterscheidung zwischen Wetteifer und Neid. Ersteren rechnet er den Wünschen zu, letzteres rangiert für ihn als ein bestimmter Fall von Traurigkeit. Der Philosoph stellt den Wetteifer dem Mut zur Seite. Der Wetteifer, so Descartes, sei nichts anderes als ein Verlangen der Seele, etwas zu unternehmen, von dem sie hofft, daß es gelingt, weil es anderen auch gelingt. Eine Unterwerfung unter einen Herrn gibt es hier nicht; wer mit jemandem wetteifert, den er für seine Fähigkeiten bewundert, versucht es genauso oder besser zu machen. Sein Interesse liegt nicht in erster Linie darin, den anderen »zu schlagen«. Der Neid dagegen, so Descartes, ist vielleicht nicht in jedem Fall lasterhaft, birgt aber häufig Haß, weil er sich auf Reichtum, auf materielle Güter richtet. Der Neid ist also, so Descartes, in Wirklichkeit eine Art Traurigkeit, die mit Haß vermischt sei, weil man miterlebt, wie andere – und nicht man selbst – Güter erlangen, deren sie in den Augen des Neidischen nicht würdig sind. Kaum ein Laster vergiftet das Glück der Menschen so wie der Neid. Der Wetteifer ist etwas, was jemanden aufbaut, ohne daß jemand anderes deshalb schlechtgemacht werden müßte oder ohne daß man irgend jemandem schaden müßte. Der Neid aber erniedrigt den einen und plündert den anderen aus.

Selbst im sportlichen Wettbewerb, der sicher ein Hauptschauplatz von Konkurrenz ist, kann man den Unterschied feststellen. In den Sportarten, die besonders anspruchsvoll sind und viel Technik erfordern, wie zum Beispiel der Zehnkampf oder der Hürdenlauf, herrscht in der Regel eine Atmosphäre des gegenseitigen Respekts und der Wertschätzung. Die Sportler tauschen sich aus und ermuntern einander. In den besonders schnellen und spektakulären Sportarten aber – der Formel 1 etwa oder dem Boxen –, in denen überdies große Geldsummen im Spiel sind, gehören Neid und sogar Haß zum Geschäft, selbst wenn sie durch ein geschicktes Management möglichst verborgen gehalten werden.

Es ist überaus lehrreich, jungen Sportlern zuzuhören. Sie erzählen häufig von den großen Vorbildern, die sie inspiriert haben, und von der Freude, richtig hart zu trainieren, damit sie es ihnen eines Tages gleichtun können. Fragt man dieselben Sportler einige Jahre später noch einmal, dann finden sie kaum ein freundliches Wort für die besten ihrer eigenen Generation, die ihnen selbst überlegen sind. Mit jemandem zu wetteifern heißt, daß man sich ein Modell, ein Vorbild sucht und schafft. Man akzeptiert dieses Vorbild als Meister, um eines Tages besser als dieser zu sein und selbst einmal als Meister anerkannt zu werden. Wenn man hingegen mit jemandem konkurriert, dann begegnet man ihm

Mit jemandem zu wetteifern heißt, daß man sich ein Vorbild sucht und schafft. (...) Wenn man hingegen mit jemandem konkurriert, dann begegnet man ihm nur im Wettkampf und will schlicht seinen Platz einnehmen.

nur im Wettkampf und will schlicht seinen Platz einnehmen. Beim Wetteifern hege ich Bewunderung für die Fähigkeiten eines anderen und kenne gar keine Eifersucht, weil ich mich mit ihm bis zu einem gewissen Grad identifiziere. In der Konkurrenz bin ich auf das Gegenüber neidisch und wünsche in irgendeiner symbolischen Form seinen Tod. Kurze Zeit nach Descartes sollte auch Spinoza aus Sorge um die Freiheit des einzelnen die Wünsche, Begierden und Vorstellungen des Individuums ganz in das Zentrum seiner Überlegungen stellen. Nun geht es nicht mehr darum, etwas zu tun, was ein anderer auch schon geschafft hat, sondern zu begehren, was der andere begehrt. Aus dem Wetteifer wird nun etwas ganz anderes. In seiner »Ethik« formuliert Spinoza, daß das Begehren, ja die Begehrlichkeit deshalb in uns entstehe, weil wir uns einbilden, daß die anderen genau dieselben Wünsche haben. Es gibt hier keinen Meister und kein Vorbild mehr, sondern nur noch Konkurrenten und Rivalen. Hier findet man schon einige der Elemente, welche die Ahnen des Liberalismus dann zu einem Ganzen zusammenfügen sollten. Für den Autor der »Ethik« ging jede Nachahmung auf Wetteifern zurück. Dabei verstand es sich für Spinoza, daß man von Wetteifer nur dann reden könne, wenn er sich auf die Nachahmung ehrenwerter, angenehmer und nützlicher Dinge richte. Für Spinoza war der Wetteifer aber auch für die Entstehung des Neids verantwortlich. Freilich hält er die Grenze aufrecht zwischen dem Wetteifer, der Freude bereitet, und dem Neid, der einen auffrißt. Diese Grenze immer wieder klar zu ziehen ist fraglos eine moralische Frage.

8. Die Konkurrenz – der Tod

»Je mehr sich das ökonomische Denken ausbreitet und je mehr Lebensbereiche es umgreift, desto weniger werden die Dinge gedanklich durchgearbeitet.«

(René Passet)

Roger Caillois hat, wie weiter oben erwähnt, die Wettkampfspiele als agonale Spielformen bezeichnet. Das griechische Wort *agôn* bedeutet in der Tat eine Zusammenkunft, einen Wettkampf, einen Kampf oder ein athletisches Spiel – manchmal bezeichnet es aber auch die Gefahr. Das benachbarte Wort *agônia*, das die gleiche etymologische Wurzel hat, bezeichnet beides nebeneinander: den Kampf wie die Angst. Das ekklesiastische Vokabular des Mittelalters bewahrte schließlich nur den zweiten Wortsinn; auch im Französischen des siebzehnten Jahrhunderts verstand man unter »agonie« noch Angst und Ängstlichkeit schlechthin. Ein Jahrhundert zuvor aber hatte Montaigne das Wort bereits in seiner modernen Bedeutung verwendet. Unter »Agonie« verstand er die Augenblicke oder Stunden, die dem Tod vorausgehen. Wie kam es zu diesem Bedeutungswandel vom Kampf hin zum Todeskampf und zum Tod als Leiden? Das Wörterbuch der Académie Française aus dem Jahr 1799 gibt einen Hinweis. Unter Agonie, so steht da zu lesen, verstehe man den letzten Kampf der Natur gegen den Tod. Agonie als Bezeichnung für Ängstlichkeit und Angst wird in diesem Lexikoneintrag nur mehr in einem übertragenen Sinn aufgeführt. Daß eine etymologische Hintergrundverbindung existiert zwischen dem athletischen Wettkampf, der Angst und dem Tod, scheint in unserem Zusammenhang äußerst bedeutsam. Die Agonien des modernen *homo oekonomicus* spielen sich im Konkurrenzkampf ab.

Die Agonien des modernen *homo oekonomicus* spielen sich im Konkurrenzkampf ab.

Es war Mandeville, der in seiner Fabel von den Bienen gezeigt hatte, daß die Laster der Reichen – insbesondere die Eitelkeit und die Verschwendungssucht – den Nutzen der Armen bedeuten:

> Es ist also das Laster,
> das den Erfindergeist erhält,
> er und die Zeit und der Fleiß
> schufen die Annehmlichkeiten des Lebens,
> seine Freuden, seine Bequemlichkeiten,
> seine feinsten Genüsse.
> So kam es, daß die Armen
> bald besser lebten als die Reichen je zuvor.

Die französische Übersetzung dieser Fabel, die 1740 erschien, kam auf den Index und wurde verbrannt. Der Amoralismus Mandevilles, mit dessen Hilfe ein so wahres Bild der Ökonomie entstand, wird die Ökonomen immer stören, denn sie selbst sind in der Mehrzahl, allen voran Adam Smith, tugendhafter als der Gegenstand, den sie erforschen. Drei Jahrhunderte später stellen sich die Dinge allerdings etwas anders dar. Trotz aller privaten Laster, trotz aller Korruption, Eitelkeit und Gewinnsucht feiert das Elend seine Wiederauferstehung, während daneben das üppige Leben, das Leben im Überfluß triumphiert. Wir müssen die Frage zu klären suchen, warum all die Laster heute nicht mehr zum Glück aller beitragen und die Fabel Mandevilles gewissermaßen ins Leere laufen lassen.

Adam Smith war durch und durch Moralist, aber er kannte doch die Welt, in der er lebte, und nicht zuletzt die Fabel von den Bienen. Auch wenn er darauf besteht, daß das Mitgefühl, mit dessen Hilfe sich jeder in die Lage eines anderen versetzen könne, der Gesellschaft einen Zusammenhalt gebe, weiß er doch, daß der Mensch von seinen privaten und egoistischen Interessen geleitet wird. Wir erwarten, so Smith, unser Abendessen oder unser Bier durchaus nicht von der Güte oder dem Wohlwollen des Fleischers, des Bierhändlers oder des Bäckers. Wir rechnen vielmehr darauf, daß er weiß, was seinen eigenen Interessen nützlich ist. Wir wenden uns mit unseren Wünschen nicht an die Mitmenschlichkeit, sondern an den Egoismus. Heute ist es freilich so, daß wir nicht mehr diesen oder jenen ansprechen müssen; vielmehr werden wir den ganzen Tag lang von allen möglichen Arten von Werbung und Propaganda angesprochen, die uns von unseren Wünschen erzählen und diese prägen. Und auf das Wohlwollen dürfen wir schon gar nicht rechnen, wenn die Ingenieure, Forscher und Finanziers über unsere Zukunft entscheiden wollen. Das Dramatische aber liegt darin, daß man heute auch nichts mehr vom Interesse und vom Egoismus zu erwarten hat. Der Abstand zwischen denen, die die Wirklichkeit herstellen, und denen, die sie bewohnen müssen, ist zu groß geworden.

Ist die Distanz zwischen den ökonomischen Akteuren und dem Verbraucher schon groß, so ist die Kluft noch größer, die sich im Individuum selbst auftut. Tagsüber sind wir Akteur, abends und an den Wochenenden Verbraucher. Diese Distanz, die von der Werbung noch unterstrichen wird, erweckt den Eindruck, als lebe man tatsächlich in zwei unterschiedlichen Welten. Das hat zur Konsequenz, daß die ökonomischen Akteure ihre eigenen Interessen als Mensch und als Verbraucher gar nicht mehr zu erkennen vermögen. Sie entscheiden innerhalb des engen Raums der Konkurrenz nur nach Maßgabe kurzfristiger Vorteile. Die Anbieter schaffen mit ihrer Arbeit einen Scheinmangel, unter dem sie als Verbraucher als erste zu leiden haben.

Keynes war sich bewußt, daß das freie Spiel der Interessen für die Gesellschaft katastrophale Folgen hätte. Das partikulare Interesse liegt eben nicht immer auch im allgemeinen Interesse. Überdies, so Keynes, seien die Menschen meistens zu schwach oder zu unwissend, um überhaupt ihr eigenes Interesse zu erkennen. In diesem verwirrenden Zustand bringt die Konkurrenz nun Ordnung, indem sie den einzelnen dazu anhält, zwar auf Gewalt zu verzichten, aber doch für sich und gegen die anderen zu kämpfen. Und in diesem Hamsterrad der Konkurrenz vergißt der einzelne nicht nur seine Mitmenschen, sondern auch sich selbst.

> **Der Abstand zwischen denen, die die Wirklichkeit herstellen, und denen, die sie bewohnen müssen, ist zu groß geworden.**

Die Gesellschaft beklagt sich heute darüber, daß sie als solche geschwächt ist. Das soziale Band wird nur dann akzeptiert, wenn man es über anonyme Geldumverteilung unsichtbar macht. So ist es nicht verwunderlich, daß Güte und Wohlwollen, auf die Adam Smith soviel Wert legte, sich nur noch gelegentlich bemerkbar machen. Auch für das Elend und seine Bedingungen – gleichgültig, ob es um Arbeitslosigkeit, Aids oder um notwendige medizinische Forschung geht – muß nun Reklame gemacht werden, damit es Aufmerksamkeit und Mitleid erregt.

Die Allgegenwart des Ökonomischen und der Konkurrenz hat den Abstand zwischen den Menschen vergrößert.

Die Allgegenwart des Ökonomischen und der Konkurrenz hat den Abstand zwischen den Menschen vergrößert. Jedermann kann seine Entscheidungen unter dem Joch der Konkurrenz ungestraft und ungehindert so treffen, wie sie ihm am nützlichsten erscheinen – und jcdc Entscheidung wird die Gesellschaft und damit auch das Individuum weiter ins Elend und in artifizielle Lebensbedingungen treiben.

Jeder kann den Mandarin töten und wird dafür doch nicht verfolgt werden. Der Ausdruck »den Mandarin töten« stammt aus dem »Génie du christianisme« von Chateaubriand. Dort stellt er folgende Frage: Wenn du allein durch einen von dir geäußerten Wunsch aus der Entfernung von vielen tausend Kilometern einen Menschen in China töten könntest und dadurch in Europa ein Millionenerbe in der Gewißheit antreten könntest, daß niemals etwas über seine Herkunft bekannt würde – wärst du bereit, diesen Wunsch auszusprechen? Das dahinterstehende moralische Problem ist freilich schon weit früher etwa von Platon formuliert worden. Er fragt, welcher Verbrechen man fähig wäre, wenn sie nur unentdeckt blieben, weil man sich im Moment des Verbrechens unsichtbar machen könne. Erst mit Balzac – im »Père Goriot« – kommt diese Geschichte wirklich in Mode. China ist dabei nichts anderes als ein Synonym für etwas, das so weit von uns entfernt liegt, daß der Verbrecher sicher von seinen Verbrechen abgeschirmt ist. Man kann sagen, daß »den Mandarin zu töten« die bevorzugte Sportart all jener ist, die in Machtkämpfe verwickelt sind. Da die Menschen immer mehr in alle möglichen Rivalitäten und Konkurrenzen verstrickt sind, die das soziale Leben und erst recht das Geschäftsleben durchziehen, wächst der Wunsch, den Nachbarn, Vorgesetzten, das alter ego »zu töten«. Man muß nur einige Jahre in den entsprechenden Organaisationen verbracht haben und man weiß, daß, metaphorisch gesprochen, der Mord an der Tagesordnung ist. Wohlgemerkt, es geht um symbolische Morde, die durch Klatsch, Tratsch und alle möglichen Tricks zur Rufschädigung begangen werden.

Das Spiel der Wirtschaftskonkurrenz ist gar nicht auf persönliche Rivalitäten begrenzt. Mit einem Federstrich, einem notdürftig formulierten Fax wird heute entschieden, daß eine Fabrik geschlossen, dieser oder jener Angestellte entlassen wird oder daß Medikamente, deren Verfallsdatum bereits überschritten ist, in Ländern mit laxeren Vorschriften verkauft werden. Unter dem Konkurrenzdruck werden notfalls auch Autobahnen oder Gebäude mangelhaft gebaut, Schwarzarbeiter zu

Hungerlöhnen beschäftigt und in Baracken ein-
gesperrt, LKW-Fahrer gezwungen, viel länger zu
fahren, als es erlaubt ist etc. Sie zögern nicht, die
Städte mit häßlichen Plakaten vollzu-
kleben und sie mit ebenso häßlichen
Häusern zu verschandeln. Ganz zu
schweigen von der illegalen Müllent-
sorgung in Länder, die sich nicht besonders darum kümmern.

Die offene Wirtschaft ist geprägt von
permanenten chaotischen Entwicklungen und Abläufen. So kann ein bloßes
Gerücht in Tokio einen Börsenkrach in
New York nach sich ziehen und den wirtschaftlichen Aufschwung in Europa zum Erliegen bringen.
Es ist wie beim berühmten Schlag der Schmetter-
lingsflügel, der einen Wirbelsturm auslöst – nur daß
all die vielen Schmetterlinge letztlich umsonst so
heftig mit ihren Flügeln schlagen. So kann es geschehen, daß ein europäischer Unternehmer durch eine
Unbedachtsamkeit, die er nicht einmal bemerkt, das
Unglück von Hunderten von Arbeitern in Malaysia
oder etwa auf den Philippinen heraufbeschwört –
ohne je etwas davon zu erfahren. Dieses wirtschaftliche Chaos entzieht sich zudem immer wieder der
Beschreibung, es sei denn, man verwendet sehr
großflächige und ungenaue Begriffe.

Der amerikanische Ökonom Clarence Edwin Ayres
schrieb 1944 in seiner Theorie des wirtschaftlichen
Fortschritts, daß es als Verbrechen geahndet wird,
wenn man seine Frau umbringt. Vergifte man dagegen Hunderte von Menschen durch verdorbene Lebensmittel oder Medikamente, so sei das lediglich

Seine Frau umzubringen gilt als Verbrechen. Hunderte von Menschen durch verdorbene Lebensmittel oder Medikamente zu töten gilt als geschäftliche Panne.

als eine Art geschäftlicher Mißerfolg anzusehen. Wer auf diese Weise einen »Mandarin tötet«, um von einer günstigen Gelegenheit zu profitieren oder um jeden Preis Marktanteile zu ergattern, braucht sich selten Sorgen zu machen. Die Schäden, die den Individuen oder der Gesellschaft durch die Wettbewerbswirtschaft entstehen, werden meistens verschwiegen, zumal sie schwer exakt zu ermitteln sind. Seit den sechziger Jahren hat man allerdings zur Kenntnis genommen, daß die industrielle Wirtschaft den ökologischen »Vertrag« zwischen den Generationen bricht. Die Vergeudung nicht erneuerbarer natürlicher Ressourcen und die Vergiftung der Umwelt entzieht sich nämlich weder der Wahrnehmung noch der Meßbarkeit. Die Belastung durch schlechte Luft, vergiftetes Wasser sowie durch Lärm liegt auf der Hand und ist volkswirtschaftlich zu berechnen. Jeder weiß, daß es sich hierbei nicht zuletzt um Folgen eines ins Extrem getriebenen Konkurrenzverhaltens handelt, und niemand scheint etwas dagegen tun zu können.

Mao Tse-tung bemerkte in einer kleinen Schrift aus dem Jahr 1937 mit dem Titel »Gegen den Liberalismus«, daß in der westlichen Gesellschaft selten über das gesprochen werde, was einen nicht unmittelbar berühre. Selbst wenn es offene Mißstände gebe, schweige man möglichst darüber. Wer weise sei, bringe sich in Sicherheit und achte darauf, selbst keinen Fehler zu begehen. Man toleriert derzeit in den liberalen Gesellschaften wirklich eine ganze Menge, nicht zuletzt Millionen von Arbeitslosen.

Am Ende hat vielleicht doch Karl Popper recht, wenn er sagt, wir lebten in der besten aller möglichen Welten. Nach Popper ist der Mensch immer durch »trial and error«, durch Versuch und Fehler in seinem Handeln bestimmt. Er versucht etwas, und wenn es gelingt, macht er damit weiter. Man kann sich vorstellen, daß die Menschen auf diese Weise gelernt haben, giftige von eßbaren Pilzen zu unterscheiden und diese oder jene Pflanzen zu züchten. Sie haben gelernt, bestimmte Tiere zu zähmen, anstatt sie zu jagen. Nach Popper hat sich daran bis heute nichts geändert. Jedes Lebewesen, ja das Leben selbst, so Popper, sucht immer die Verbesserung. Oder es versucht doch wenigstens, sich so lange wie möglich dort aufzuhalten, wo es ihm besser geht. Popper meint, daß wir nicht durch unsere Umgebung geprägt seien, sondern diese Umgebung selbst suchten und prägten.

Auch heute folgt der Mensch also dem Schema von Versuch und Mißerfolg. Freilich sind seine Versuche immer kühner und spielen sich in technischen Dimensionen ab, wo von der Freiheit des Individuums und dem Begreifen dessen, was da vor sich geht, keine Rede sein kann. Wieso kommt es unter diesen Umständen eigentlich nicht zur Ablehnung und zum Abbruch dieser Versuche? Es gibt ja die Zeichen des Mißlingens, aber die Gesellschaft unternimmt große Anstrengungen, sie sorgfältig zu verbergen. Der Wohlfahrtsstaat kümmert sich um die Opfer

Mit immer größerem Aufwand wird verschleiert, daß man besser nicht weiter in dieselbe Richtung marschieren sollte.

und die gescheiterten Existenzen, außerdem gibt es ja noch die Unterhaltungsindustrie, den Tourismus und den Sport. Mit immer größerem Aufwand wird verschleiert, daß eine Menge Versuche fehlgeschlagen sind und man besser nicht weiter in dieselbe Richtung marschieren sollte.

Die Fehlschläge umzubiegen und in neue Aktivitäten umzusetzen ist eine der Hauptbeschäftigungen der talentiertesten Individuen. So macht man aus der Umweltverschmutzung eine Quelle für neue Profite und setzt sie für neue Industrien ein. So nutzt man die allgemeine Nervenschwäche, um mit neuen Formen psychologischer Betreuung und mit neuen Medikamenten zu experimentieren. Die Selbstmedikamentierung ist zu einer gewaltigen Quelle des Profits geworden, und man darf wohl vermuten, daß die Industrie mehr und mehr von dieser Art Reparaturarbeit lebt und die wirkliche Produktionssteigerung immer unbedeutender wird. Um es mit Popper zu sagen: Die Gesellschaft entwirft ad hoc Hypothesen, mit deren Hilfe sie behaupten kann, daß die Theorie richtig ist. In einer Welt, die ungeheuer komplex geworden ist, modellieren die Menschen allerdings ihre Umwelt nicht mehr, sondern bringen sich vor ihr in Sicherheit.

Die Menschen modellieren ihre Umwelt nicht mehr, sondern bringen sich vor ihr in Sicherheit.

Mit Hilfe seiner Philosophie findet Popper immer Argumente, um die Gegenwart zu rechtfertigen und sie auch noch lebenswert zu finden. In seinen Augen ist die offene, liberale Gesellschaft die beste, weil sie Irrtümer und Fehlschläge am besten zu korrigieren versteht. Anders gewendet: Natürlich kann man immer sagen, daß man bis jetzt doch immerhin das Schlimmste verhindert hat – ganz im

Sinn von H. G. Wells, der einmal meinte, daß die letzten Dinosaurier wahrscheinlich auch glaubten, daß sie sich ganz gut hielten.

Wie sehr die Konkurrenz sich allenthalben als Lebensverhinderung erweist, belegt die tägliche Wirtschaftspraxis. Aber hat die Konkurrenz die Welt nicht doch vorwärts gebracht, wie die liberalen Ideologen immer behaupten, ist die Konkurrenz nicht doch der Stachel, der uns dazu bringt, Erfindungen zu machen, zu bauen, kurzum, tätig zu werden? Die Konkurrenz ist tatsächlich eine Art Ausweg und Übergang. Aber Übergang wohin? Sie setzt hauptsächlich eine Art verschärfende Kettenreaktion in Gang, so daß die Wirtschaftskrise die Rivalitäten noch erbitterter macht und diese wiederum die soziale Krise noch verschärfen. Die Konkurrenz ist ein Ausweg, der immer nur vor noch höhere Hindernisse führt.

Die Konkurrenz ist ein Ausweg, der immer nur vor noch höhere Hindernisse führt.

Sie ist nicht mehr und nicht weniger als eine Sackgasse, eine Mischung aus Freiheit und Zwang. Hierin ähnelt die Konkurrenz strukturell dem Tod. Redet man nicht oft von einer mörderischen Konkurrenz oder einem Kampf bis aufs Messer? Hier wird schon eine gewisse Analogie sichtbar, aber die Parallele läßt sich noch weiter ziehen. Es geht darum, die Konkurrenz als Gradmesser dessen zu begreifen, was existiert, als Bezugsrahmen, in dem die Dinge erst ihren Sinn erhalten.

Vladimir Jankelewitsch hat in seinem Buch über den Tod herausgestellt, daß der Tod auch eine Definition dessen ist, was unbedingt zum Leben gehört, was die Minimalbedingung des Lebendigen ist. Das Leben behauptet sich gegen den Tod, aber es ist auch nur Leben, weil es den Tod gibt. Wie der Tod, so ist auch die Konkurrenz eine ständige Drohung. Die Drohung, ins Unförmige, Chaotische zurückzufallen. Die Spannung, welche die Konkurrenz erzeugt, verleiht den Entscheidungen, die über unsere Lebensweise bestimmen, erst ihren Sinn. Zugleich aber entfremdet sie das Leben von sich selbst, verhindert das, was das Leben eigentlich lebenswert macht. Anders als der Tod, der erst das Leben möglich macht, ist die Konkurrenz ein Mittel, das zugleich Bedingung und Verhinderung ist. Denn die Aussicht, die sie bietet, führt immer nur auf sie selbst zurück. Im Konkurrenzkampf macht das Leben sich selbst vergessen –

Im Konkurrenzkampf macht das Leben sich selbst vergessen – und das ist eine Einladung an den Tod.

und das ist eine Einladung an den Tod. Und es gibt noch eine andere Verbindung zwischen der Konkurrenz und dem Tod. Die Lebensklugheit nämlich fordert, daß man im Hinblick auf den Tod wie auf die Konkurrenz seine Leidenschaft zähmt und mit seinen Kräften haushält. Von Montesquieu bis hin zu James Steuart hat man nicht umsonst immer wieder die zivilisierende Wirkung des Handels betont.

Nun neigen die westlichen Gesellschaften aber dazu, den Tod zu verleugnen; er ist zu einer unnützen Hypothese geworden, mit der man im Leben nichts mehr anfangen kann. Die Stelle, die der Tod einnahm, ist allerdings nicht leer geblieben: Die Konkurrenz ist an seine Stelle getreten, sie ist nun der Stachel in unserem Fleisch, sie ist das Signum unserer Vergänglichkeit. Da wir von Kindheit an darauf ausgerichtet werden, in Konkurrenz zu anderen zu stehen, erheben wir gar nicht mehr den Kopf, um zu schauen, wohin uns der Weg führen mag. So hat die Konkurrenz den Tod ersetzt und macht diesen vergessen. Wer um einen Job kämpft, denkt nicht daran, daß er sterben kann.

Die Konkurrenz verhüllt die Existentialien und verschiebt die Lebenstragik vom Ende des Lebens in die Gegenwart, in das alltägliche Leben.

Die Konkurrenz ist zum eigentlichen Lebensansporn geworden – es reicht, sich die existentielle Unzufriedenheit vieler Rentner und Arbeitsloser anzuschauen, um zu verstehen, daß uns nur die Integration in diese Arbeitsspannung – in welcher Position auch immer – des Lebens vergewissert. Die Konkurrenz ist genaugenommen ein Status, der nicht Leben und nicht Tod ist. Der Zweck wird Leben und das Leben reiner Zweck.

Nur die Integration in diese Arbeitsspannung vergewissert uns des Lebens.

Es gab allerdings stets auch andere Mittel, den Tod vergessen zu machen. Vergnügungen und Zerstreuungen aller Art, die aber immerhin eine gewisse Lebenskunst erforderten, Phantasie und Erziehung. Der Lebenskünstler hat das Soziale zu kennen und muß Regeln beherrschen. Die Konkurrenz dagegen erfordert trotz aller juristischen und sonstigen Komplexitäten zunächst einmal nichts anderes als ein paar funktionierende Instinkte.

Die Konkurrenz ist das Hauptmittel geworden, um über subjektive Motive objektive soziale Werte zu aggregieren, wie der Soziologe Georg Simmel einmal formuliert hat. Die Konkurrenz, ursprünglich verstanden als *Bedingung* der Freiheit, wird nun

erstmals in der Geschichte als Freiheit selbst aufgefaßt.

Der offene Konflikt ist nach Simmel eine Art Sozialisation. Während Haß und Neid die Menschen
auseinandertreiben, bringt sie der Kampf wieder
zusammen. Simmel gibt auch eine bemerkenswerte
neue Definition von Solidarität im Zeitalter der
Wirtschaftskonkurrenz. Solidarität entsteht nur
noch insofern, als man im Konkurrenzkampf einen
Dritten für sich einnehmen muß, um den Rivalen
niederzuringen. Die gängige Form, in der die Konkurrenz ausgetragen wird, läßt es zu dieser persönlichen Begegnung allerdings gar nicht mehr kommen. Die Auseinandersetzung, der Wettbewerb als
Konstante, bleibt unpersönlich und in der Wahl
des Konkurrenten beliebig. So vollbringt die Konkurrenz in ihrer heutigen Form nicht einmal eine
Sozialisationsleistung – wobei das Fehlen einer
wirklichen Sozialisation auch ein Ergebnis ist, dessen Folgen überall greifbar sind.

Die älteste Geschichte der Konkurrenz ist die von
Kain und Abel. Sie steht am Beginn der Mensch-
heitsgeschichte. Warum erhebt Kain eigentlich die
Hand gegen seinen jüngeren Bruder? Gewisser-
maßen aus Gründen der Ökonomie. Der ältere,
Kain, ist Bauer, sein jüngerer Bruder dagegen ist
Hirte. Der eine bringt seine erste Ernte auf den
Markt, der andere opfert ein neugeborenes Lamm
auf dem Altar. Und der Markt, der nichts anderes
als Gott selbst war, erwählt Abel und hat für das
Opfer Kains keinen Blick. Kain bedeckt sein Ant-
litz – er ist zornig und niedergeschlagen, vor allem

aber hat er sein Gesicht verloren. Auch heute verlieren diejenigen das Gesicht, die im Wettbewerb unterliegen, die aussortiert und irgendwie als nutzlos angesehen werden. Als Kain Abel tötet, beschmutzt er nach jüdischer Auffassung auch die Erde, und diese Erde gibt nun weniger Früchte als zuvor. Kain verliert seine Arbeit und seine Produktionsmittel, und Gott, eine Art Konkurrenzpolizei, verdammt ihn dazu, auf Erden ewig ein Flüchtling zu bleiben.

Die Geschichte Kains belegt, wie sehr die Arbeit den Menschen definiert. Um zu existieren, muß der Mensch sagen können: Hier ist das, was ich herstelle, hier ist das, was ich der Welt gebe. Diese Gaben wurden die längste Zeit der Menschheitsgeschichte unter Schmerzen und Qualen erzeugt. Sagte Gott nicht, daß der Mensch sein Brot im Schweiße seines Angesichts zu verzehren habe? In einer Welt allerdings, in der Gott nicht mehr existiert, ist der Mensch ausschließlich der Arbeit hingegeben, und er selbst ist auch der Sündenbock.

Solange Kain und Abel nicht um die Gunst Gottes konkurrierten, lebten sie in guter Gemeinschaft. Allerdings hatte Gott Kain gewarnt: Handle, wie es sich ziemt, und auch du wirst erhört werden. Diese Hinweise nützten indessen nichts, und Kain lief geradewegs ins Verderben. Ist die Konkurrenz erst einmal in den Köpfen, sind dieFolgen meist fatal.

Abraham entscheidet weise, als er sich von seinem Neffen Loth trennt. Er zieht die Trennung von seinen Angehörigen dem Streit und den ewigen Reibereien vor. Der Patriarch sagt zu Loth, daß es

zwischen ihnen keinen Streit und keinen Wettkampf geben dürfe, weil sie Brüder seien. Und jeder geht seinen Weg, der eine nach Norden, der
andere nach Süden.

Literaturverzeichnis

Auswahl der im Text verwandten Literatur

Agnew, Hugh E, *Cooperative advertising by competitors*, New York 1926.

Badiou, A., *L'Éthique*, Paris 1993.

Begg, D., Fischer, S. und Dornbush, R., *Microéconomie*, McGraw-Hill 1989.

Braudel, F., *Die Dynamik des Kapitalismus*, Stuttgart 1991.

Breton, Y. et Lutfalla, M., *Economica* , Paris 1991.

Burke, T. Genn-Bash, S.und Haines, B., *Competition in Theory ans Practise*, Sydney 1988.

Debord, Guy, *Die Gesellschaft des Spektakels*, Berlin 1996.

D. K. Dmitriev, *L'Economie politique en France aux XIX siècle*, Paris 1976.

Dumont, L., *Essais sur l'individualisme*, Paris 1983.

Hirschmann, A. O. *Leidenschaften und Interessen. Politische Begründungen des Kapitalismus vor seinem Sieg*, Frankfurt am Main 1980.

Illich, I., *Dans le miroir du passé. Descartes und Compagnie*, Paris 1994.

Kopp, P., *Televisions en concurrence*, Paris, Anthropos , Paris 1988.

Nuti, D. M. (Hg), *Economic Essay on Value, Competition and Utility*, Cambridge University Press, 1974.

Polanyi, K., *The Great Transformation. Politische und ökonomische Ursprünge von Gesellschaften und Wirtschaftssystemen*, Frankfurt am Main 1978.

Porter, M., *The Competitive Advantage of Nations*, London 1990.

Smith, Adam, *Der Wohlstand der Nationen*, München 1978

Schmitt, C., *Der Begriff des Politischen*, Berlin 1979 (Text von 1932, unveränderter Nachdruck der 1963 erschienenen Ausgabe).

G. Stigler, *The Economist as preacher*, University of Chicago Press, 1982.

Veblen, Thorstein, *Theorie der feinen Leute. Eine ökonomische Untersuchung der Institutionen, Frankfurt am Main 1997 [1889]*.

Neuere deutsche Literatur zum Thema

Brodbeck, K.H., *Die fragwürdigen Grundlagen der Ökonomie. Eine philosophische Kritik der modernen Wirtschaftswissenschaften*, Darmstadt 1998.

Noppeney, C., *Zwischen Chicago-Schule und Ordoliberalismus. Wirtschaftsethische Spuren in der Ökonomie Frank Knights*, Bern, Stuttgart, Wien 1998.

Ottow, R. *Markt – Republik – Tugend, Probleme gesellschaftlicher Modernisierung im britischen politischen Denken 1670–1790*, Berlin 1996.